刑法と生命

和田俊憲

刑法と生命（'21）

装丁・ブックデザイン：畑中　猛

s-25

まえがき

　本書は，放送大学で開講される「刑法と生命」と題する科目の印刷教材としてつくられたものです。「刑法」は，犯罪と刑罰に関する法です。「生命」は，憲法的価値秩序において最も高い価値が認められているものです。この2つを組み合わせた本科目は，刑法の領域を舞台に生命の法的な扱われ方の一例をみるとともに，生命をキーワードにして刑法という法分野の特徴を描こうとするものです。

　本科目が全15回で構成されていることに対応して，本書も15章からなっていますが，その全体は3つのブロックにまとめられています。
　第1部では，4つの章にわたって，刑法における生命保護の基本について述べます。そこでは，生命を有する「人」とは何か，そして「人」になる前の胎児や，「人」でなくなったあとの死体が，刑法上どのように扱われているのかをみていきます。そのうえで，殺人罪や傷害致死罪といった人の死を要素とする基本的な犯罪の成立要件を確認して，人を殺す，あるいは，人を死なせる，というのは，法的にどのような場合をいうのかについて説明します。
　第2部は，生命が特にあつく保護されている場面を扱う7つの章で構成されています。具体的な検討対象は，強盗殺人罪，身の代金目的略取誘拐罪，危険運転致死罪，放火罪といった重い犯罪や，保護責任者遺棄罪のように弱者の生命を保護するために補充的に刑罰が用意されている犯罪，そして，故意がなくても処罰される過失致死罪などです。さらに，監禁致死罪のような結果的加重犯と呼ばれる犯罪をみることで，死亡結果をもたらす危険のある犯罪行為に広く焦点をあてていきます。

　第3部では，逆に，生命侵害が正当化される場面，つまり生命を侵害しても許される例外的な場合について，4つの章をあてて解説します。具体的には，安楽死，正当防衛，そして死刑などが対象になります。

　本書は，犯罪の成立要件を語る部分が大半を占めますが，死刑をテーマにする最後の2つの章は，もちろん刑罰を話題にするものですし，また，第2部では，犯罪者の刑罰を軽くすることによって被害者の生命の保護を図る特別な制度についても触れています。

　本書は，講義で補完されることが前提となっているために，書籍それ自体としては言葉足らずのところが多く残されています。それでも，本書を読むだけで，刑法から生命をみて，生命から刑法を照らそうとした著者の狙いは，酌み取っていただけるのではないかと期待しています。

2020年11月

和田　俊憲

目次

1 | 刑法における生命保護の基本①
——総説

《**目標＆ポイント**》 生命に関する統計を確認したうえで，刑法における人の生と死の概念を解説するとともに，人に対する罪の全体を概観する。
《**キーワード**》 人の始期，人の終期，死の概念，脳死

1. 生命に関する統計

　本書では，「生命」をキーワードにして刑法の基本構造をみていく。まず，はじめに，生命に関する統計を確認しておこう。

　総務省統計局が実施している5年に1度の国勢調査と，その間を埋める毎年の人口推計によると，わが国の総人口は2005（平成17）年に戦後はじめて減少したのち，2010（平成22）年まではほぼ横ばいを続けていたが，2011（平成23）年からは継続的に減少している。

　総人口の増減は，転入と転出の差から生じる社会増減と，出生と死亡の差から生じる自然増減によって構成されている。総人口の継続的減少は主に自然減によるものであり，刑法の観点から着目したいのも出生と死亡である。

　厚生労働省が毎年発表している人口動態統計が，出生と死亡に関する詳細を明らかにしている。次ページの表1-1は，これを2015（平成27）年から2019（平成31・令和元）年までの5年間についてまとめたものである。

表1-1　2015年〜2019年の出生・死亡の内訳

		2015年	2016年	2017年	2018年	2019年
出生総数		1,005,721	977,242	946,146	918,400	865,239
死亡総数		1,290,444	1,307,748	1,340,567	1,362,470	1,381,093
死因別死亡数	疾病等	1,119,493	1,129,454	1,147,800	1,158,170	1,166,352
	その他の内因	103,046	112,446	124,181	135,204	148,027
	交通事故	5,646	5,278	5,004	4,595	4,279
	その他の不慮の事故	32,660	33,028	35,328	36,643	34,905
	自殺	23,152	21,017	20,468	20,031	19,425
	他殺	314	290	288	273	299
	その他の外因	6,133	6,235	7,498	7,554	7,806

　死因の大半を占めるのは病気であるが，刑法が着目するのは，「不慮の事故」と「自殺」，「他殺」である。

　わが国は，人口あたりの「他殺」，すなわち殺人罪の割合が著しく低い。治安がよく安全な国だと評価されているところである。しかし，「自殺」の数は相当程度多くなっており，自殺の少なくない部分が経済的理由であって，これを〈社会による殺人〉とみるときには，途端に安全感のない国になる。ちなみに，自殺は犯罪ではないが，自殺を助けるなど他人が関与すると処罰対象になる(→12章)。

　「不慮の事故」は，死亡した本人以外に過失が認められる者がいる場合に，過失致死罪(→9章)等の問題になるので，これも刑法の関心事である。「交通事故」による死亡者数は近年，技術の進展と啓蒙により激減しているものの，まだまだ刑法が介入を強化する余地があろう。

　毎年，130万人余が死亡するうち，殺人が300，自殺が2万，事故死が4万とすると（さらに「その他の外因」に含まれる傷害致死〔→4章・8章〕などもあるものの)，刑法が関心をもつ死亡の割合は，じつはあま

り高くない。もっとも，上の統計には現れないが決して無視できないのが人工妊娠中絶による胎児の死亡(→2章)であり，これが把握されているものだけでも毎年17万件ほどある。

2.　刑法における「人」の始期

（1）　学説の整理

　殺人罪は「人を殺した」(刑法199条) ときに成立する。では，「人」とは何であろうか。胎児はいつ人になるのかという「人の始期」の基準については，刑法学の一般的な整理によると，①胎児が母体外で母体から独立して生命を保続することが可能になった時点であるとする「独立生存可能性説」，②開口陣痛の開始を代表とする出産開始の時点であるとする「出産開始説」，③胎児の体の一部（見解によっては特に頭部）が母体外に出た時点であるとする「一部露出説」，④胎児の体がすべて母体外に出た時点であるとする「全部露出説」，⑤胎盤呼吸から完全な肺呼吸に移行した時点であるとする「独立呼吸説」などの諸説がある。このうち一部露出説が通説的地位を占め，全部露出説がそれに次いでいるところ，近年は出産開始説が有力化している状況にある。

　もっとも，一部露出説および全部露出説の中にはさらに，母体外に露出後であっても次のような付加的な基準が満たされない限り人にはあたらないと主張する見解がある。すなわち，第1に，人として認めるためには，死亡において失われる要素をそなえていなければならないと考えられるところから，後で述べる人の終期に関する「心臓死説」からは心拍による血液循環機能が，「脳死説」からは全脳の統合機能が必要と解するものであり，第2に，母体外での生命保続可能性(→2章)がなければならないとするものである。このような客体の生育程度に着目した要

件が付加されうるのは，一部露出説と全部露出説の基準が，母体との関係における客体の位置という形式的なものであるためである。

　これに対して独立生存可能性説および出産開始説は，はじめから客体の生育程度に基準を求める見解であり，客体の位置についてはいずれも母体内にあっても人として扱えるという前提をとっている。逆に，独立呼吸説においては，客体が母体外にあることが前提である。

　以上は学説の整理であるが，判例は，一部露出した子の頭部に加えた攻撃を殺人行為として扱ったものがあることから，一部露出説をとっていると解されている。

　このように多様な見解があること自体驚きの対象であるが，刑法学の教科書にはあたかも自然なことであるかのように書いてあり，刑法はそのような解釈論の盛んな領域である。

　近年では，胎児を一時的に母体外に出して手術をして，再び母体内に戻すということが可能になっているようであるが，その一時的に外に出ているときは人として扱われるのか，といった議論まである。さらに，将来，ヒトと他の動物の遺伝子を併せ持つキメラ個体が誕生したとしたら，どのような条件のもとで刑法上「人」として扱うべきかも，問題であろう。現状であり得ない話をしても意味がないとする向きもあるが，そのような考察をしてはじめて，殺人罪で保護される「人」の本質が見えてくるということは十分にありうることである。

（2）　各見解の根拠

　一部露出説は，胎児の身体が一部でも露出すれば，母体から独立して攻撃が可能になることに根拠が求められている。これに対しては，客体が人としての保護価値をそなえているかどうかによって決めるべきであり，攻撃可能性の有無によって決めるべきではないとの批判がある。ま

た，有機水銀やサリドマイドのような薬物を用い，放射線を当て，ある
いは器具を挿入するなどして，母体を客体とする殺人罪・傷害罪を構成
することなく胎児を直接攻撃することも可能であるとも指摘される。そ
こで，保護価値の高さと保護の必要性とによって法益保護の合理性を追
求する観点から，一部露出以前にすでに相対的に高い保護価値は認めら
れることを前提に，一部露出の時点で直接的な侵害可能性が認められて
保護の必要性が高まる点に一部露出説の根拠を求める見解や，攻撃の危
険性は変わらないから保護の必要性にも違いはないことを認めたうえで，
判断の明確性・立証の容易性や社会通念への合致を理由に一部露出説を
支持する見解がある。

　一部露出説の根拠として，母体外に露出した客体を現認しながらなさ
れる攻撃は責任非難が重いことが挙げられることがあるが，行為の責任
の重さだけで客体が人であることは決められないと批判されるほか，一
部露出しなくてもエコーや内視鏡により現認しながらの侵襲は可能であ
ると指摘されている。

　一部露出説についてはさらに，一部露出後に再び母体内に戻った場合
に，直接的攻撃可能性という根拠と，胎児から人への変化は不可逆的で
あるはずだという自然な理解との折り合いがつかなくなり，妊娠途中に
子宮を切開して行われる直視下胎児手術が一般化するとその問題性は増
大するということが指摘されている。すなわち，再び胎児になるとする
と不自然であり，逆に人のままであるとすると胎児手術後の堕胎に殺人
罪が成立することになりうる。これは，全部露出説についても同様に生
じうる問題であるが，人の始期を画する「露出」は出産過程の開始を前
提とするという限定を課すことで，出産前の治療目的での胎児手術にお
ける露出は人の始期に影響しないとする見解が提唱されている。

　全部露出説は，全部露出によって客体の保護価値が高まることを根拠
とする。全部露出の前後で保護価値の高低に質的な違いはないとの批判
に対しては，出産という困難な過程を経たことにより人としての高い保
護価値が認められることになるとの説明がなされている。

　独立生存可能性説は，客体の実体的な生育程度に着目するものである。
しかも，生命保続可能性は，母体保護法において人工妊娠中絶の肯否の
基準とされているものであるから(→2章)，現行法上，生命保続可能性
の有無によって生命の保護価値に差が設けられていることはたしかであ
る。しかし，違法な堕胎罪がすべて殺人罪となってしまう，あるいは，
「出生」という概念に反する，などといった批判がある。

　なお，生命保続可能性については，「妊娠満○○週以上」といった一
律の規範的基準と，個別に判断する事実的基準とがある。後者だと判断
が不明確になるとの批判がある。

　出産開始説も，客体の生育程度に着目したものである。この見解には，
周産期医療の重要な部分を過失犯処罰の規制下におくという意義がある。
人の始期を早めに認めた方が，子の保護はあつくなるのである。

（3）　検討

　胎児と人の区別は，基本的には生命の保護価値の問題としてみるべき
であり，客体の位置よりも，まずはその生育程度に着目した検討が必要
である。

　人として認めるためには，最低限，死亡において失われる要素をそな
えていなければならないと考えるべきで，心拍による血液循環機能また
は全脳の統合機能を要求することになろう。

　これに対して，生命保続可能性を要求するのは妥当でないと思われる。
死期の迫った成人については，生命保続可能性がなくても人として保護

するのであるから，母体外に出て間もない嬰児についても，生命保続可
能性がないという一事で人にあたらないと解すべきではない。

　たしかに，生命の保護価値には保続可能性の有無によって質的な差が
あるといえる。しかし，母体保護法が差を設けているのは人工妊娠中絶
が認められる胎児と認められない胎児であって，区別されているのは胎
児の生命の中での保護価値である。そこで用いられる生命保続可能性と
いう要素を，胎児の生命と人の生命の保護価値の違いに結びつけるのは
妥当でない。

　では，胎児の生命と人の生命とは何が異なるのだろうか。その2つは，
保護価値が量的に異なるのではなく，保護対象となっている要素が質的
に異なるものと解される。つまり，単に胎児の生命よりも人の生命の方
が重要だということではなく，胎児の生命は，将来，人になる前提とし
て保護されているにすぎないのに対して，人の生命は，自己実現する主
体としてその時点で生きていることそれ自体が保護の対象なのである。

　このように考えると，その時点で生存していることそれ自体の価値を
いつから認めるべきかという問題になる。出産開始説，一部露出説およ
び全部露出説は，そのような観点から見直すことができる。ポイントは，
母体による保護の終了との結びつきである。

　開口陣痛の開始によって自然に，あるいは，帝王切開によって人工的
に，出産が開始されれば，母体による胎児の保護は終了するともいえる。
その時点で，主体的に生き，生存価値自体に保護価値が認められる人に
なるという考え方は十分にありうる。これに対して，露出説は，物理的
な保護の終了を問題とするものと位置づけられる。あとは，包摂が破れ
れば保護終了とみるか，完全に母体外に出たときに保護終了とみるかで
ある。

　生存機能を有すれば，保護されるべき生存価値を認める最低限の基礎

は認められ，母体によって保護されている時期はまだ，将来人となるために生育中の胎児でしかないのが，保護の終了によって人になるという見方である。そして，保護の終了をどのように判断するかについては複数の理解がありえ，その間での優劣はなかなかつけられない。

3. 刑法における「人」の終期

　人の終期は，それ以降は人を客体とする犯罪が成立し得ないというだけでなく，死亡結果の発生時期を定める意味ももっている。いずれにせよ，「人」の終期は，死の概念の問題であるが，①脳死すなわち全脳の不可逆的機能停止の時点で人ではなくなるとする脳死説（さらに，脳幹死説と全脳死説とに分けられ，全脳死の判断基準としても，脳血流の停止を含めるかどうかで見解が分かれる）と，②脳だけでなく心臓と肺も機能停止してはじめて人ではなくなるという心臓死説（細かく分ければさらに，脈搏終止説，呼吸終止説，生活現象終止説，そして，心拍停止・呼吸停止・瞳孔反射の喪失をみる三徴候説がある）とが，基本的に対立している。

　このうち脳死説は，人としての実体的な機能に着目するものであるのに対して，心臓死説は，人としての機能が失われていても，まだ血液が循環して温かい身体を死体とみるのは忍びないという感覚に支えられており，これは周囲から見て人のように見えるかどうかという，人を関係的に捉える見解であるということができる。

　実務上は基本的に，死の基準としては心臓死が用いられている。死の基準が明示されることは多くないが，それが明示されるときは通常，心拍の停止のみが着目される。また，判例には，心拍が完全に停止しなければ死体遺棄罪の客体にはあたらないとしたものや，生活反応の有無で

被害者の生死を判断し，つまり心臓死の判断を前提としているものがある。さらに，心臓死に至っていない事案で，臨床的脳死だけでは刑法上の死としては不十分であることを暗に前提としている裁判例や，法的脳死判定があるにもかかわらず，心臓死を死の基準としている裁判例がある。

　しかし，法的には，臓器移植法との関係で，脳死説に合理性がある。臓器移植法では心臓がまだ動いている身体から臓器を移植することが前提とされており，心臓死説を採ると，生きている人から臓器を摘出して死亡させることを正当化しなければならなくなるからである(→3章)。

　そこで，通常は心臓死が，そして臓器移植の前提として法的脳死判定が行われる場合には脳死が，死の基準となるという相対的な解決も提唱されている。ご都合主義だと批判されるが，人の始期についても，帝王切開での出産や胎児手術を考えると，出産プロセスを開始するという決定がなされるか否かが意味をもつことはありうるので，死についてもそれと同じだということもできそうである。

　いずれにせよ，人の生死という，人為が介入しない領域のような印象のある極めて基本的な概念について，明確な法的定義がおかれていないという法状況になっているのである。

4.　なぜ「人」の概念を明確にする必要があるのか

　人の始期にしても終期にしても，なぜ，上でみたように細かな議論がなされているのだろうか。それは，刑法において，「人」であるか否かにより，保護の程度が大きく異なっているからである。

　人の生命は，憲法的価値秩序における価値の根源であるから，刑法によって手あつい包括的な保護が与えられている。すなわち，故意侵害犯

である殺人罪には行為態様による限定がなく，未遂はもちろん予備まで処罰対象とされ，被害者の同意があっても違法性は阻却されない（→12章）。強盗殺人罪（→5章）などの結合犯も規定され，極めて重い法定刑が用意されている。過失犯（→9章）も広く処罰対象とされ，多くの犯罪に被害者を死に至らしめた場合の結果的加重犯（→8章）が規定されている。さらに，遺棄罪（→6章）による補充的な保護まで用意されているのである。

これに対して，「人」になる前の「胎児」は，故意に攻撃しても軽い堕胎罪（→2章）が成立するのみであり，また，過失で胎児を死亡させても処罰対象にはならない。「人」でなくなった後の「死体」も，死体損壊罪（→3章）等の客体となるだけである。

そのような重要性があるのに，なぜ，刑法では「人」が定義されておらず，すべて解釈に委ねられているのだろうか。犯罪成立要件の解釈論の内容が膨大になっているのは，刑法の条文が，1907（明治40）年の制定当時，なるべくシンプルにして多くを語らないように作るという方針がとられたことによるところが大きい。そのおかげで，その後の100年以上にわたって時代の変化に伴う新たな事態にも，新たな立法を細かく実施せずに解釈によって比較的柔軟に対応することができてきたというメリットがある一方で，本来は立法で対応すべきところが改正されずに残されていて，さすがに無理が限界に近づいているという問題もある。

各犯罪類型の刑の幅が広いことも，特徴的である。人の生命に対する保護の中心にあるのが，刑法199条に規定された，他人の生命をその意思に反して故意に侵害する殺人罪である。旧刑法は殺人罪を細かく分類し，謀殺，毒殺，故殺，惨刻殺，便利殺，誘導殺，誤殺，尊属殺等の諸類型に分けて規定していたのに対して，現行刑法は殺人罪の法定刑を，上限は死刑，下限は5年の懲役（2004〔平成16〕年改正により，それまで

の懲役 3 年から引き上げられた）と幅広いものにして，上記各類型を区別する行為者の主観・行為客体・行為態様などの殺人の多様な犯情を，基本的にすべて同罪の量刑事情として扱うことにしている。

　なお，刑法200条には尊属殺人罪が定められていたが（「自己又ハ配偶者ノ直系尊属ヲ殺シタル者ハ死刑又ハ無期懲役ニ処ス」），これは「尊属殺の法定刑を死刑または無期懲役刑のみに限つている点において，その立法目的［＝「尊属に対する敬愛や報恩という自然的情愛ないし普遍的倫理の維持尊重」］達成のため必要な限度を遙かに超え，普通殺に関する刑法199条の法定刑に比し著しく不合理な差別的取扱いをするもの」であり憲法14条 1 項に違反して無効であるとした最高裁昭和48年 4 月 4 日大法廷判決（刑集27巻 3 号265頁）を契機として，1995（平成 7 ）年改正により削除された。

　特別法には，人質殺害罪（人質による強要行為等の処罰に関する法律 4 条〔死刑又は無期懲役〕），組織的殺人罪等（組織的な犯罪の処罰及び犯罪収益の規制等に関する法律 3 条 1 項 7 号・同条 2 項〔死刑又は無期若しくは 6 年以上の懲役〕）といった加重処罰規定があり，現在も有効である。

【学習課題】

1．刑法が着目する「死亡」には，どのようなものがあるか。
2．刑法における「人」の始期は，どのように判断するのが合理的か。
3．「人」の終期を「心臓死」とするのと「脳死」とするのとでは，どのような違いが生じるか。

2 | 刑法における生命保護の基本②
―堕胎罪

《目標＆ポイント》　胎児に対する罪である堕胎罪の類型を確認し，適法な人工妊娠中絶の要件について解説して，胎児の生命保護のあり方を考える。
《キーワード》　胎児の保護，堕胎罪，人工妊娠中絶，非犯罪化

1. 胎児の生命と人の生命

　胎児は何のために生きているのか。それは，おそらく出生して人になるためである。胎児の生命は，将来，人として生きるための基礎として，保護価値が認められる。では，人は何のために生きているのか。1つの答えは，自己実現することである。人は，自己実現しながらその時その時を生きている。その意味で，人の生命には，その時点での自己実現の基礎として保護価値がある。しかし，同時に人の生命は将来の生命の基礎でもある。将来を生きる前提としていま生きているという意味もあるのである。その意味で，人の生命は，将来，人として引き続き生きるための基礎としても，保護価値が認められる。

　このように考えると，胎児の生命も人の生命も，将来人として生きる前提としての価値が認められ，人の生命についてはそれに加えて，その時点で自己実現する基礎としての価値も認められる，という構造で，2つの法益の実質と相互関係とを理解することができる（なお，同意殺人罪と殺人罪の保護法益の関係についても同様に理解する見解が主張され

ている。それは，同意殺人罪が殺人罪よりも軽いこと，しかし処罰はされること，を次のように説明する。すなわち，殺人罪は，現在の自己実現と将来の生命の基礎をともに侵害するものである，同意殺人罪は，将来の生命の基礎だけを侵害するものである，自己決定権の本質により，将来の生命の基礎を現在の自己決定として放棄することはできないからである，と）。人は，今日生きて自己実現していると同時に，明日の自己実現のために今日生きてもいる。胎児は，明日の自己実現のためだけに生きている。人と胎児とは，それぞれそのような存在として保護されていると考えられるのである。言い換えれば，保護法益としての人の生命は現在の生命と将来の生命であり，保護法益としての胎児の生命は将来の生命である。

2.　堕胎罪の諸類型

　胎児を客体にする犯罪が，堕胎罪である。刑法212条から215条まで，4つの類型が規定されている。条文は次のようになっている。

（〔自己〕堕胎）
212条　妊娠中の女子が薬物を用い，又はその他の方法により，堕胎したときは，1年以下の懲役に処する。
（同意堕胎）
213条　女子の嘱託を受け，又はその承諾を得て堕胎させた者は，2年以下の懲役に処する。（以下略）
（業務上堕胎）
214条　医師，助産師，薬剤師又は医薬品販売業者が女子の嘱託を受け，又はその承諾を得て堕胎させたときは，3月以上5年以下の懲役に処

する。(以下略)

(不同意堕胎)

215条1項　女子の嘱託を受けないで，又はその承諾を得ないで堕胎さ
　　せた者は，6月以上7年以下の懲役に処する。

(2項略)

　すべてに共通するのは，「堕胎」という実行行為である。これは，自
然の分娩期に先立って，胎児を母体外に排出すること，および，母体内
で胎児を殺害すること，とされている。

　堕胎罪4類型の関係をみると，まず，母親の同意がない不同意堕胎罪
と，母親の同意があるその他の3類型が区別される。さらに，後者の中
では，同意堕胎罪を基準にすると，それとの関係で減軽類型になる自己
堕胎罪と，逆に加重類型になる業務上堕胎罪とが規定されている。

　では，堕胎罪の4類型は，それぞれどのような理由から異なる重さで
処罰されるのだろうか。犯罪の重さは，一般に，違法性および責任の程
度と対応している。

3. 違法性と責任

　ある行為が犯罪であることを実質的に基礎づけるのは，その行為が違
法であることと，責任が認められることである。

(1) 違法性

　違法，あるいは，違法性とは，形式的には法規範に違反することを意
味するが，その実質は，法規範の実質的な内容によって定まる。刑法の
法規範の実質的な内容は，刑法の目的から導かれる。

　刑法の目的は，法益を保護することにあるとされる。「法益」（または，「保護法益」）とは，法的な保護に値する利益のことをいう。各犯罪類型ごとに，保護法益が定められている。例えば，殺人罪の保護法益は，人の生命である。

　法益は一般に，個人的法益（特定の個人に属する利益である生命・身体・自由・名誉・財産など），国家的法益（日本国に属する利益である国家の存立・国交の利益・公務の作用など），そして，社会的法益（特定の個人にも国家にも属しない公共の安全・取引の安全・風俗的秩序など）に整理されている。

　法益を保護するためにとるべき合理的な手段は，法益を現に侵害したり，そこまでいかなくても法益を危険にさらすような行為を犯罪として定めて，それを処罰対象にすることである。そのことから，犯罪は，法益の侵害や法益の危殆化が，成立要件になっている（法益の侵害を要件とする犯罪を侵害犯といい，法益を危殆化するだけで成立する犯罪を危険犯という）。つまり，刑法における違法性の実質は，法益の侵害および危殆化にある。法益の侵害や危殆化は，結果に関する要素であり，「結果の悪さ」（結果無価値，または，結果反価値）が違法性の実質（の少なくとも重要な部分）である。

　そのように考えると，違法性の大小は主に，法益の大小，および，それが侵害・危殆化される程度によって決定されることになる。つまり，より価値の高い法益を侵害する行為の方が違法性は高くなり，また，同価値の法益に対する攻撃は，法益を現に侵害する場合の方が，法益を危険にさらすにとどまる場合よりも，違法性が高くなる。

（２）　責任
　刑法では，責任主義が取られている。これは，責任のない行為には犯

罪は成立せず，処罰されないとする考え方である。責任とは，非難可能性があることをいう。これは，刑罰の性質から導かれる。

　わが国の刑法は，刑罰として，生命を奪う死刑，自由を奪う懲役刑・禁錮刑，財産を奪う罰金刑などを規定している（刑法9条以下。なお，懲役刑と禁錮刑とを統合して新しい自由刑に改める動きがある）。いずれの刑罰も，単なる害悪を超えて，非難の性質をもった害悪を賦課することを内容としている。刑罰が非難という性質を有することから，犯罪は，非難可能性がある場合にのみ成立するものとされる。

　非難とは，共同体の構成員が，その行為者に対して，「われわれがあなたの立場だったら，そのような行為には出なかったと考えられるのに，あなたはそのような行為を実行した」という否定的な評価を下すことである。刑罰には，そのような非難の性質があるために，共同体に居づらくなるという要素が認められることから，法的サンクションの中でも，最も厳しいものとして位置づけられている。刑罰が厳しいのは，賦課される害悪が大きいからだけではなく，他の共同体構成員による共同体からの排除の方向性をもった非難の性質が伴うからである。

　以上のことから，「われわれがあなたの立場にあったとしても，同じような行為に出ていただろう」という場合には，その行為は非難可能性がなく，責任が否定されて犯罪は成立しない。また，非難可能性がないとまではいえなくても，非難できる程度が低い場合には，責任が軽くなる。逆に，非難の程度が高い場合は，責任が加重されて刑が重くなる。

4. 殺人罪および堕胎罪諸類型の相互関係

（1）　殺人罪と堕胎罪の関係

　堕胎罪は，全体として，殺人罪よりも格段に刑が軽い。これは，違法

性の違いによって説明される。

　第 1 に，法益の価値に違いがある。前に述べたように，殺人罪の保護法益である人の生命は，現在の生命および将来の生命の両方を含むのに対して，堕胎罪の保護法益である胎児の生命は，将来の生命との関係でのみ保護価値が認められている。胎児の生命の方が保護価値が低いために，堕胎罪の方が違法性が小さく，刑が軽くなる。

　第 2 に，侵害犯か危険犯かという違いもある。これも前に述べたように，堕胎とは，自然の分娩期に先立って，胎児を母体外に排出すること，および，母体内で胎児を殺害することを意味する。このうち，胎児を母体外に排出する行為は，胎児が死亡しなくても堕胎罪を構成する。つまり，そのような理解を前提とすると，堕胎罪は，胎児の生命に対する危険犯であり，堕胎罪の刑の軽さにはその点も現れている。

　もっとも，学説上は，堕胎の定義について，母体の内部か外部かを問わず，胎児を殺害することを指すとする見解も有力である。この理解によれば，堕胎罪は，胎児の生命に対する侵害犯となるから，殺人罪との違法性の差は，保護法益の違いのみに由来するという説明になる。

（2）　不同意堕胎罪と同意堕胎罪の関係

　堕胎罪の 4 つの類型は，胎児の母親である妊婦が堕胎について同意しているか否かにより，215条 1 項の不同意堕胎罪と，それ以外の堕胎罪 3 類型とに分けられる。不同意堕胎罪（ 6 月以上 7 年以下の懲役）が一番重く，残りの 3 罪，すなわち，同意堕胎罪（ 1 月以上 2 年以下の懲役），自己堕胎罪（ 1 月以上 1 年以下の懲役），業務上堕胎罪（ 3 月以上 5 年以下の懲役）は，いずれも不同意堕胎罪よりも軽い。

　軽い 3 類型のうち最も基本的な類型とされる213条の同意堕胎罪の条文は，「女子の嘱託を受け，又はその承諾を得て堕胎させた者は」と書

かれている。「嘱託を受ける」というのは，妊婦からの堕胎処置の依頼を受けることであり，「承諾を得る」というのは，行為者側から妊婦に働きかけて，堕胎処置に承諾してもらうことをいう。堕胎処置の例は，妊婦の腹部に暴行を加える，あるいは，胎児に致死的な作用を及ぼす薬剤を妊婦に摂取させるような行為であるが，堕胎処置の実行者と，妊婦と，どちらが先に相手に働きかけるかが異なるだけで，最終的に堕胎処置が妊婦の同意に基づき行われる点で，違いはない。さらに，そのような同意堕胎行為を，医師や助産師などが行うと，より重い214条の業務上堕胎罪になり，妊婦自身が行うと，より軽い212条の自己堕胎罪になるが，妊婦の同意に基づいて堕胎が行われる点は共通している。

　それら3類型の堕胎罪よりも，堕胎が妊婦の同意に基づかずに行われる不同意堕胎罪の方が重い理由については，いくつかの説明がありうる。堕胎罪はすべて，胎児の生命を保護法益とする点で共通するが，不同意堕胎罪では，さらに別の保護法益に対する侵害も付加され，その分，違法性が高くなる。付加される法益侵害の理解を巡って，複数の考え方が主張されている。

　多数説は，不同意堕胎罪では，母親の身体に対する侵害が付加されると解している。例えば，妊婦の依頼に基づきその腹部に暴行を加えて胎児を死亡させた場合は，胎児の生命の侵害があり，それが違法性を基礎づける。それに加えて，妊婦の身体に対する暴行という侵害も存在するものの，妊婦自身の同意により，その暴行は違法性を基礎づける効果を有しない扱いになる。これに対して，妊婦の同意によらずに，妊婦の腹部に暴行を加え，胎児を死亡させた場合は，胎児の生命の侵害と妊婦の身体の侵害とが，ともに行為の違法性を基礎づける。

　しかし，この見解では説明のつかない事例がある。母親の身体に対しては何ら作用を及ぼさない形で，胎児に対して攻撃を加える場合である。

胎児の脳にだけ蓄積する性質をもった物質が存在し，また，内視鏡など
を用いて胎児にだけ直接的に攻撃を加えることも可能であると指摘され
る。母親の同意に基づかずに，そのような方法で胎児を殺害した場合，
母親の身体に対する違法な攻撃の要素は認められないものの，結論とし
ては，不同意堕胎罪で処罰すべきである。

　そうすると，不同意堕胎罪においては，母親の意思に反して堕胎行為
が行われることそれ自体が，言い換えれば，母親の出産する自由に対す
る侵害が，胎児の生命の侵害に付加される違法要素であると解する方が
適切である。この見方からは，胎児の生命を侵害・危殆化するのが同意
堕胎罪の３類型（同意堕胎罪・自己堕胎罪・業務上堕胎罪）であり，そ
れに加えて母親の出産する自由も侵害することにより高い違法性が認め
られるのが不同意堕胎罪である，という整理になる。

（3）　同意堕胎罪と業務上堕胎罪の関係

　妊婦の同意に基づいて堕胎行為が行われる類型の中では，まず，同意
堕胎罪（1 月以上 2 年以下の懲役）よりも業務上堕胎罪（3 月以上 5 年
以下の懲役）の方が重い。これは，行為者が業務者であることに基づく
責任の加重によって説明される。213条に挙げられている「医師」，「助
産師」，「薬剤師」そして「医薬品販売業者」は，いずれも，胎児の生命
を保護すべき職責を担っている者である。胎児の生命を侵害する行為を
行った場合に，共同体の構成員から受ける否定的評価は，そのような職
責を担っていない一般人が行った場合よりも強くなり，その非難の強さ
に対応して，刑も重くなる。

（4）　同意堕胎罪と自己堕胎罪の関係

　同意堕胎罪（1 月以上 2 年以下の懲役）より自己堕胎罪（1 月以上 1

年以下の懲役）の方が軽い理由も，責任非難の軽さで説明される。責任
が減少する理由は，妊娠中の圧迫された心理的状態における行為である
ことに求められている。自己堕胎は，212条の条文にも具体例が挙げら
れているとおり，妊婦が自ら薬物を摂取して行うのが典型である。妊娠
の継続や，その先にある出産は，それ自体として，妊婦にとって大きな
負担である。そのような状況におかれた妊婦が，自ら堕胎薬を飲むなど
して胎児の生命を侵害することに対しては，「われわれがあなたの立場
だったとしても，同じ行為に出たかもしれない」といえるために，非難
の程度が減少し，それに対応して刑も軽くされていると解されている。

　もっとも，母親にとって胎児は，別の人格でありながら，自分の身体
の一部でもあるという，母親と胎児の特殊な人格的関係に着目して，次
のように考えることもできる。

　法は社会の存在を前提にしており，複数の人の間で紛争や事件が生じ
たときに，はじめて法が出て行く。刑法も同じで，「他人の法益」を侵
害・危殆化する行為だけが処罰されるのが原則であって，自損行為や自
傷行為は処罰対象から外されている。自分の所有物を壊しても，あるい
は，自分の身体を傷つけても，故意であれ過失であれ，犯罪は成立しな
い。換言すると，刑法は，被害者を，被害者自身の行為からは保護して
いない。

　自己堕胎も，半分はそれと同じであると考えることができる。母親に
よる胎児への攻撃は，別人格の生命に対する攻撃という側面と，自らの
身体に対する攻撃という側面の両方が認められるものであり，自傷行為
の側面がある分だけ違法性が減少するとみることができる。

　それは，より積極的に構成すれば，「出産しない自由」あるいは「出
産にかかわる自己決定権」の行使であるともいえる。しかし，それが権
利なのであれば，刑を軽くするだけでなく，そもそも処罰対象から外す

のがすじである。

5. 適法な人工妊娠中絶の要件

　自己堕胎罪や業務上堕胎罪の要件を形式的に満たしても（これを，構成要件該当性があるという），母体保護法が定める要件を満たす場合は，適法な人工妊娠中絶として違法性が否定される（これを，違法性阻却という）。関係条文は，次のとおりである。

　要件を定めているのは，母体保護法14条1項であり，「都道府県の区域を単位として設立された公益社団法人たる医師会の指定する医師（以下「指定医師」という。）は，次の各号の一に該当する者に対して，本人及び配偶者の同意を得て，人工妊娠中絶を行うことができる。

一　妊娠の継続又は分娩が身体的又は経済的理由により母体の健康を著しく害するおそれのあるもの

二　暴行若しくは脅迫によつて又は抵抗若しくは拒絶することができない間に姦淫されて妊娠したもの」

と規定している。

　人工妊娠中絶は，同法2条2項により，「胎児が，母体外において，生命を保続することのできない時期に，人工的に，胎児及びその附属物を母体外に排出すること」と定義されている。

　そして，「胎児が，母体外において，生命を保続することのできない時期」は，平成2年の厚生事務次官通知により，「通常妊娠満22週未満」とされている。妊娠週数の起算点は受精や着床ではなく，最終生理開始日であることに注意が必要である。受精の時点ではすでにおおよそ妊娠満2週ということになる。もっとも，妊娠週数は胎児の発育から逆算し

て求められるのが通常であるため，その起算点は厳密なものではない。

　なお，上で要求されている「配偶者の同意」に関しては，同条２項が，「前項の同意は，配偶者が知れないとき若しくはその意思を表示することができないとき又は妊娠後に配偶者がなくなつたときには本人の同意だけで足りる。」と規定している。

　以上のように，人工妊娠中絶を行えるのは指定医師に限られ，また，適法な人工妊娠中絶として許される適応事由も，社会経済的理由を考慮した医学的適応事由（母体保護法14条１項１号）と，倫理的適応事由（同２号）とに限定されている。しかし，適応事由があるかどうかの判断は指定医師に委ねられており，前者の医学的適応事由を拡張的に認める運用がなされている。そのため，人工妊娠中絶に対する制約は事実上，妊娠満22週未満という期間の限定のみであり，その範囲内で人工妊娠中絶は広く実施されているのが実情である。

　人工妊娠中絶がかなり広く認められている結果として，自己堕胎罪・同意堕胎罪・業務上堕胎罪は，事実上，非犯罪化されていると指摘されている。処罰規定として意味のある堕胎罪は，母親の同意を得ずになされる不同意堕胎罪のみだということになる。そこで，堕胎罪の上記３類型は，処罰規定を削除して，正面から非犯罪化するのが妥当であるという主張がある。どれだけ広く母体保護法が適用されても，堕胎罪（特に，自己堕胎罪）の処罰規定が残っていると，人工妊娠中絶は悪い行為であるという観念が消えず，出産をめぐる自己決定権が適切に行使されないというのである。

　胎児の生命の保護と，母親の自己決定権の保障とのバランスをどのようにとるべきかは，難しい問題である。

【学習課題】
1．胎児の生命と人の生命には，刑法上，どのような違いがあるか。
2．堕胎罪にはどのような類型があり，それぞれどのような場合に成立
　するか。また，各類型の刑の重さの違いは，どのように説明されるか。
3．適法な人工妊娠中絶の要件は，どのように定められているか。
4．「堕胎罪の非犯罪化」とは，どのような主張か。

3 │ 刑法における生命保護の基本③
──死体損壊罪・動物傷害罪

《目標＆ポイント》　死体損壊罪と臓器移植法等の関係について解説するとともに，動物傷害罪を題材にして罪刑法定主義について考える。
《キーワード》　死体損壊罪，臓器移植法，動物傷害罪，罪刑法定主義

1. 死体損壊罪

　人は死亡すると「人」としての手あつい保護の対象から外され，「死体」として扱われる。刑法190条は，死体損壊罪等を次のように規定している。「死体，遺骨，遺髪又は棺に納めてある物を損壊し，遺棄し，又は領得した者は，3年以下の懲役に処する。」

　これは，社会的法益に対する罪のうち風俗犯と呼ばれる罪の1つである。風俗とは，社会的な生活上のしきたりのことをいう。風俗犯は，①性的風俗を保護するわいせつ罪，②経済的風俗を保護する賭博罪，そして③宗教的風俗を保護する死体損壊罪の3グループに分かれる。風俗犯の特徴は，それが放任されて累積すると明白に社会的害悪が存在する状況に至るものの，個々の行為がそれ自体としてただちに法益を侵害・危殆化させるとは言いがたい点にある。

　死体損壊等罪（死体損壊罪のほか，死体遺棄罪なども含め，まとめてこのように呼ばれる）は，人の死体をばらばらに切断する行為（死体損壊罪）や人の死体を山中に捨てる行為（死体遺棄罪），棺の中から遺品の貴金属を奪い取る行為（納棺物領得罪）などを処罰対象とする犯罪で

ある。多様な客体と行為態様が定められているが，いずれも死者の人格的利益が残っている物に対する不法な攻撃である。死者の取扱いについての社会的しきたりに反する宗教的風俗犯であり，死者を尊重する公衆の感情（死者に対する敬虔感情）が保護法益であるなどとも説明される。いずれにせよ，死者本人はすでに死亡していて存在しないから，死者自体が保護されているわけではない。

　宗教的風俗犯としては，ほかに，墓で用を足す行為，ミサや葬式で騒ぎ立てる行為などを処罰する礼拝所不敬及び説教等妨害罪（188条）や，墓を掘り起こす行為を処罰する墳墓発掘罪（189条）などが規定されている。さらに，墳墓を発掘したうえで遺骨を領得する行為などを重く処罰する規定（191条）もある。

2. 墓地埋葬法による違法性阻却

　死体を切ったり焼いたりする行為は，死体損壊罪の構成要件に該当するが，違法性阻却事由が認められる場合には，死体損壊罪は結局のところ成立しない。違法性阻却事由を定めている特別法の1つが，「墓地，埋葬等に関する法律」（墓埋法）である。同法は，死体を葬るために焼くことを認めており，これにより火葬行為について死体損壊罪の違法性が阻却される。同様に，遺骨を墓に納める行為も，遺骨遺棄罪の違法性が阻却される。

　墓埋法が認める死者の葬り方は，土の中に葬る「埋葬」という方法（いわゆる土葬）と，「火葬」したうえで「焼骨を埋蔵する」という方法である。墓埋法は，土葬や火葬について，

・火葬は，火葬場以外の施設で行ってはならない
・焼いた骨の埋蔵や死体の埋葬は，墓地以外の区域で行ってはならない

・死亡後24時間を経過した後でなければ，死体を埋葬・火葬することは
　できない
・火葬と焼骨の埋蔵には市町村長の火葬許可証が，埋葬には市町村長の
　埋葬許可証が必要である

といった細かな規則を定めており，これらに違反した場合の罰則も規定
している（ただし，重くても2万円の罰金にとどまる）。

　墓埋法の定める条件に違反する火葬行為などは，墓埋法の罰則は適用
されるものの，死体損壊罪についての違法性阻却がただちに認められな
くなり死体損壊罪で処罰される，ということにはならないと解されてい
る。自分の親の死体を自分で焼いて，自宅の庭に掘った穴に骨を埋める
ような場合，墓埋法の細かな条件を満たさないものの，葬る行為として
一定の適切さがあるのであれば，死者に対する公衆の敬虔感情・尊重感
情を害するとはいえないから，死体損壊罪や遺骨遺棄罪は成立しない。
これに対して，殺人の罪責を隠滅する目的で被害者の死体を焼いて埋め
るような行為は，葬る行為としての適切性がないことから，違法性阻却
が否定されて，死体損壊罪・遺骨遺棄罪が成立することになる。

3. 臓器移植法による違法性阻却

　移植のために死体から臓器を摘出する行為も，死体損壊罪の構成要件
に該当するが，臓器移植法による違法性阻却が認められる。そこでは，
レシピエントの生命に優越的な価値が認められている。具体的な要件・
手続は次のように規定されている。

（臓器の摘出）
6条　医師は，次の各号のいずれかに該当する場合には，移植術に使用

されるための臓器を，死体（脳死した者の身体を含む。以下同じ。）
から摘出することができる。

一　死亡した者が生存中に当該臓器を移植術に使用されるために提供
　　する意思を書面により表示している場合であって，その旨の告知を
　　受けた遺族が当該臓器の摘出を拒まないとき又は遺族がないとき。

二　死亡した者が生存中に当該臓器を移植術に使用されるために提供
　　する意思を書面により表示している場合及び当該意思がないことを
　　表示している場合以外の場合であって，遺族が当該臓器の摘出につ
　　いて書面により承諾しているとき。

2　前項に規定する「脳死した者の身体」とは，脳幹を含む全脳の機能
　が不可逆的に停止するに至ったと判定された者の身体をいう。

3　臓器の摘出に係る前項の判定は，次の各号のいずれかに該当する場
　合に限り，行うことができる。

一　当該者が第1項第1号に規定する意思を書面により表示している
　　場合であり，かつ，当該者が前項の判定に従う意思がないことを表
　　示している場合以外の場合であって，その旨の告知を受けたその者
　　の家族が当該判定を拒まないとき又は家族がないとき。

二　当該者が第1項第1号に規定する意思を書面により表示している
　　場合及び当該意思がないことを表示している場合以外の場合であり，
　　かつ，当該者が前項の判定に従う意思がないことを表示している場
　　合以外の場合であって，その者の家族が当該判定を行うことを書面
　　により承諾しているとき。

4　臓器の摘出に係る第2項の判定は，これを的確に行うために必要な
　知識及び経験を有する二人以上の医師（当該判定がなされた場合に当
　該脳死した者の身体から臓器を摘出し，又は当該臓器を使用した移植
　術を行うこととなる医師を除く。）の一般に認められている医学的知

見に基づき厚生労働省令で定めるところにより行う判断の一致によって，行われるものとする。

5　前項の規定により第2項の判定を行った医師は，厚生労働省令で定めるところにより，直ちに，当該判定が的確に行われたことを証する書面を作成しなければならない。

6　臓器の摘出に係る第2項の判定に基づいて脳死した者の身体から臓器を摘出しようとする医師は，あらかじめ，当該脳死した者の身体に係る前項の書面の交付を受けなければならない。

（親族への優先提供の意思表示）

6条の2　移植術に使用されるための臓器を死亡した後に提供する意思を書面により表示している者又は表示しようとする者は，その意思の表示に併せて，親族に対し当該臓器を優先的に提供する意思を書面により表示することができる。

　心停止後移植の場合であれ，脳死移植の場合であれ，臓器の摘出が認められるのは，臓器提供について，①本人の意思表示があり，かつ，遺族の拒否がない場合，および，②本人の拒否がなく，かつ，遺族の承諾がある場合である。言い換えれば，本人と遺族の少なくともいずれか一方に臓器提供についての承諾があり，かつ，本人も遺族も拒否権を行使していない場合に，臓器の摘出が可能になる。

　臓器の摘出元として認められているのは，心臓死による死体および「脳死した者の身体」である。臓器移植法の立法過程で，法案の衆議院通過時点では，後者は「脳死体」と表現されていたが，参議院で「脳死した者の身体」に修正された。少なくとも脳死移植の場面においては，脳死が法的な死の概念であると考えられ，その意味では「脳死体」と呼

ぶのが正しいはずであるが，その用語が社会に与える影響を和らげるために修正が施されたと指摘されている。脳死の場合に「遺族」でなく「家族」の語が用いられているのも，同様の考慮である。

　脳死判定されてはじめて「脳死した者の身体」にあたるものとされているため，脳死移植のためには法的な脳死判定が必要である。そして，脳死判定が許されるのは，①臓器提供について本人の意思表示がある場合は，脳死判定について本人と家族がいずれも拒否していないときであり，②臓器提供について単に本人の拒否がない場合には，脳死判定について，本人の拒否がなく，かつ，家族の承諾があるときである。

　こうして，脳死移植の場合，脳死判定も，それを前提とした臓器の摘出も，本人と家族のどちらも拒否しておらず，少なくともいずれか一方の承諾があれば，認められるということになる。かつては，本人の意思表示が必須であったが，平成21年改正により，本人の拒否がない限り，家族の承諾に基づいた脳死判定と脳死のもとでの臓器摘出が認められるようになった。それまで毎年，多くても十数件程度であった脳死移植は，要件が緩和されたことにより，2019年には100件近くにまで増加している。それでも，国際的にみると，脳死移植も心停止後移植も，その件数は極めて低いレベルにとどまっている。

4. 動物傷害罪と罪刑法定主義

　視点を生命の誕生の方に戻すと，新たな人格的存在が生じるのは，受精卵の誕生時である。受精卵は，子宮に着床した後は胎児としての保護を受けるが，その前の受精卵が刑法上いかなる地位にあると解するかをめぐっては，議論がある。

　何らかの保護を与えることを優先させると，母親および父親の所有物

として，器物損壊罪の客体であると解することになる。両親の意思に反して受精卵を破壊したり廃棄したりする行為は，器物損壊罪になる。これに対して，生命を「物」として扱うべきではないという見解も有力である。それによると，受精卵は器物損壊罪の客体にあたらず，壊しても捨てても犯罪は成立しないことになる。

　受精卵はともかく，動物については，器物損壊罪の規定がこれを客体として定めている。それとの関係で，罪刑法定主義についてみておこう。

　刑法の大原則の1つとして，〈法律により事前に定められた行為についてのみ犯罪の成立を認めることができる〉という罪刑法定主義がある。これは憲法上の要請である。

　関係する憲法の条文としては，まず，31条が「何人も，法律の定める手続によらなければ，その生命若しくは自由を奪はれ，又はその他の刑罰を科せられない。」と規定している。次いで39条が「何人も，実行の時に適法であつた行為……については，刑事上の責任を問はれない。」としている。さらに，73条ただし書は「政令には，特にその法律の委任がある場合を除いては，罰則を設けることができない。」とする。

　罪刑法定主義には，以下にみるようなさまざまな派生原理・派生原則がある。まず，民主主義的側面として，(i)法律主義，(ii)判例法・慣習法による処罰の禁止，(iii)類推解釈の否定が挙げられる。次いで，自由主義的側面としては，(i)遡及処罰の禁止，(ii)事後法による刑の加重の禁止，そして再び(iii)類推解釈の否定がある。さらに，刑罰法規の適正も要請され，具体的には，(i)明確性の原則，(ii)無害な行為についての罰則の禁止，(iii)過度に広範な処罰規定の禁止，(iv)罪刑の均衡の要請が指摘される。これらのうちまずもって重要なのは，類推解釈の否定・禁止である。

　刑法においては（民法などとは異なり），拡張解釈は許されるが，類推解釈は許されない。これはどういう意味だろうか。

〈事例〉　Ｘは，Ａの養魚池の水門板・格子戸を取り外して，Ａが所有する鯉2,800匹あまりを川に流出させた。

　このような事例で判例は，動物傷害罪（刑法261条後段）の成立を認めている。刑法261条は「…他人の物を損壊し，又は傷害した者は，3年以下の懲役又は30万円以下の罰金若しくは科料に処する。」と規定している。客体が一般的な「物」の場合は器物損壊罪（同条前段）であるが，「動物」の場合は「損壊した」という表現がそぐわないので，「傷害した」という用語が使われ，特に動物傷害罪と呼ばれて，狭義の器物損壊罪とは区別されている。典型的には，他人のペットを凶器で傷つけるような行為がこれにあたる。

　さて，刑法では，拡張解釈は認められるが類推解釈は禁止されているとされる。類推解釈は，この事例でいえば，鯉の「流出・解放」は本来は処罰対象ではないが，鯉の「傷害」と〈実質的に同等〉であるから処罰するとするものである。これが許されないのは，国会により立法された当初の処罰対象には含まれないということを認めつつ，裁判所が事後的に解釈により処罰対象に含める論理だからである。裁判所による立法である点で法律主義に反し，処罰が行為後に定められる点で事後法の禁止に反する。法律主義は国民の代表が処罰対象を定めるべきとするものであり，事後法の禁止は不意打ち的な処罰を回避する趣旨であり，いずれも罪刑法定主義の要請である。

　これに対して，「傷害」の概念を拡張的に画定したうえで，その中にははじめから「流出・解放」が含まれているとするのが，許容される拡張解釈の論理である。これが許されるのは，国会による立法の時点から処罰対象であったことを，裁判所が解釈によって発見・確認するという論理だからである。

　許される拡張解釈の域にとどまるためには，(i)言葉の意味としてあり
うる範囲内でその用語を拡張的に定義づけたうえで，(ii)具体的な事件が
それに該当するという論法をとることが重要である。(i)との関係では，
その言葉の意味としてあり得ない解釈では立法時から処罰対象だったと
いうことはできないうえ，国民もそれが処罰対象になることを事前に予
測できず，罪刑法定主義に反する類推解釈となってしまうからである。
また，(ii)との関係でいえば，本来的な処罰対象を基準にして，それに近
いから処罰するという論法では，本来は処罰対象でないが実質的に同等
であるから処罰するという類推解釈の論理に近づいてしまうのに対し，
用語の定義づけを行ったうえでそれに含まれるという論理を用いれば，
そのような類推解釈への不適切な接近が回避できるからである。

　上記の事例ではどうであろう。「傷害」をはじめから「流出・解放」
を含むように定義づけるのは無理であるように感じるが，どうであろう
か。学説も，判例実務が完全にそのような解釈で固まってしまっている
ために，いまさら憲法違反だといってもしょうがないという諦めをもっ
ているように思われる。この判例は明治時代のものであるから，罪刑法
定主義が厳格化された日本国憲法の制定によって判例としての価値が失
われたと解する余地はあり得なくはないともいえそうであるが，一般的
にはそのようには考えられていない。

　なお，類推解釈は，解釈の手法の問題であるので，拡張解釈によって
処罰が基礎づけうる事案であっても，類推解釈の手法を用いて処罰を説
明してしまうと，不当だということになる。

5. 死亡直後の死体

　人は，生きているうちは「人」として保護され，死亡すると，「死体」

として死体損壊罪などの客体になるのが原則であるが，死亡した後も，しばらくは生前と同様の扱われ方をする場面がある。実際に裁判所で判断が示された「死体殺人事件」と呼ばれるケースがある。

　事案は，Ｘが，Ｙに銃撃されて倒れていたＡにとどめを刺すつもりで，日本刀を何回も突き刺したというものであった。第１審では，殺人既遂罪が認められたのに対して，控訴審では，ＸがＡを突き刺した時点で，Ａは銃撃により「純医学的には既に死亡していたもの」であると認定され，殺人既遂罪を認めた第１審判決が破棄された（広島高判昭和36年７月10日高刑集14巻５号310頁）。

　すでに死亡した人の死体に日本刀を突き刺したということであれば，死体損壊罪が成立しそうである。しかし，控訴審判決は，殺人未遂罪の成立を認めた。Ｘは，Ａがまだ生きていると思って殺意をもってＡを突き刺したが，Ａがすでに死亡していたことにより殺人に失敗したという見方になる。そこで裁判所が指摘しているのは，生死の限界が微妙な事案であり，行為の性質上，殺人の結果発生の危険がないとはいえないということである。

　この高裁判例に対しては，突き刺す行為の時点で，被害者は死亡しているのだから，殺人罪で保護されるべき人格は存在せず，殺人既遂罪も殺人未遂罪も認めるべきでないという批判もある。人が生まれる場面では，胎児から人への変化は，実質的には少しずつ保護価値が高まるというべきところ，一部露出などの時点で線を引いて，そこまでは胎児として保護し，それ以降は人としての保護を与える，と明確に区別していた。死亡の場面でも，実質をみれば，生命体として次第に衰え，生命の度合いが減少していって，最後にはすべての細胞の生命活動が終了するものとみることができるところ，脳死や心臓死の時点を基準にして線を引くのである。法的に線を引く以上は，死亡の時点からただちに「死体」と

してしか扱われない世界に完全に切り替わると考えることにも，合理性があるといえよう。

　むしろ，もし，客観的には「人」でなく「死体」であるが，死亡直後であってまだ生きているように見えるから「人」と同等に扱うというのであれば，それは適切な考え方ではないと思われる。

【学習課題】

1．臓器摘出行為には，刑法上，どのような性質が認められるか。
2．適法な臓器移植の手続はどのように定められているか。
3．刑法において，類推解釈はなぜ禁止されるのか。

4 | 刑法における生命保護の基本④
――殺人罪・傷害致死罪

《目標＆ポイント》 殺人罪，殺人未遂罪，傷害致死罪，傷害罪の 4 つの犯罪類型を比較することで，犯罪の基本構造を確認するとともに，刑法における因果関係の判断について解説する。
《キーワード》 殺人罪，傷害致死罪，条件関係，法的因果関係

1. 基本的な 4 つの犯罪類型

　次のような事例には何罪が成立するだろうか。

事例 1　X は，日ごろから罵倒され恨みを募らせていた上司の A を殺害しようと考え，包丁で A の腹部を刺した。その場に倒れた A は間もなく失血死した。
事例 2　X は，日ごろから罵倒され恨みを募らせていた上司の A を殺害しようと考え，包丁で A の腹部を刺した。その場に倒れた A は，通行人が呼んだ救急車で病院に搬送され，緊急手術を受けて一命を取りとめた。

　事例 1 では，X は A を殺そうとして現に殺しているから殺人罪が成立し，事例 2 では，X は A を殺そうとして失敗しているから殺人未遂罪が成立する。では，次のような場合はどうだろうか。

44

事例3　Xは，Aと口げんかになり，かっとなってAを突き飛ばした。Aはその場で転倒し，手首を骨折した。

事例4　Xは，Aと口げんかになり，かっとなってAを突き飛ばした。Aはその場で転倒して頭を打ち，搬送先の病院で脳出血により死亡した。

　結論からいえば，事例3では，XにはAに対する傷害罪が成立し，事例4では，XにはAに対する傷害致死罪が成立する。暴行を加えて被害者が傷害を負うと傷害罪になり，さらに被害者が死亡すると傷害致死罪になるという関係である。傷害罪や傷害致死罪という名称は常識に属するし，犯罪の中身もそれらの名称から自然に理解できるだろう。

　いま登場した，ⓐ殺人罪，ⓑ殺人未遂罪，ⓒ傷害罪，そして，ⓓ傷害致死罪という4つの犯罪類型について，相互の関係をみていこう。

　第1に，ⓐ殺人罪とⓑ殺人未遂罪に共通するのは，殺意，すなわち，殺人の故意があるということである。これに対して，ⓒ傷害罪とⓓ傷害致死罪では，殺人の故意はなく，暴行を加える，あるいは，傷害を負わせるという故意しかない。第2に，ⓐ殺人罪とⓓ傷害致死罪では，いずれも被害者が死亡している。これに対して，ⓑ殺人未遂罪とⓒ傷害罪では被害者の死亡結果が発生していない。

　そうすると，この4つの犯罪類型は，(1)殺人の故意の有無と，(2)死亡結果の有無という2つの基準の組合せで区別することができる。つまり，

　　殺人の故意があり，かつ，死亡結果があれば，殺人罪

　　殺人の故意があり，かつ，死亡結果がなければ，殺人未遂罪

　　殺人の故意がなく，かつ，死亡結果があれば，傷害致死罪

　　殺人の故意がなく，かつ，死亡結果がなければ，傷害罪

ということになる。

2．客観的要件と主観的要件

　上でみたように，殺人罪が成立するためには，(ⅰ)死亡結果と，(ⅱ)殺人の故意の両方が必要である。このうち，(ⅰ)死亡結果の方を客観的要件，(ⅱ)殺人の故意の方を主観的要件と呼ぶ。主観的要件は行為者の頭の中の問題であり，客観的要件はそれ以外の外界に関するものである。犯罪の成立要件は，それが何罪であれ，客観的要件と主観的要件からなる。

　これをより詳しくみるために，次の事例で X に殺人罪が成立するかどうかを考えてみよう。

事例 5　X は，日ごろから罵倒され恨みを募らせていた上司の A を殺害しようと考え，お歳暮の品のように見せかけて，毒入りのワインを A 宅に送った。A はワインを受領したが，それを飲む前に持病が悪化し，心臓発作で死亡した。

　事例 5 では，X に殺人の故意があり，A は死亡している。しかし，X に殺人罪が成立しないことは明らかであろう。X はたしかに A を殺そうとはしたが，現に A を殺したとはいえないからである。X には，せいぜい殺人未遂罪が成立するにとどまる。

　殺人罪が成立するためには，殺人の故意と死亡結果があるだけでは不十分であり，殺人の故意をもって行われた行為と死亡結果との間に因果関係がなければならない。つまり，行為と死亡結果の間の因果関係も，殺人罪の客観的要件の 1 つである。そして，そこですでに当然の前提となっていることであるが，因果関係の起点となる行為が存在することも，殺人罪の客観的要件である。

　したがって，殺人罪の成立要件は次のようにまとめられる。

　　　客観的要件——①行為
　　　　　　　　　②死亡結果
　　　　　　　　　③行為と死亡結果の間の因果関係
　　　主観的要件——④殺人の故意

　このような，①行為，②結果，③因果関係，④故意という要件は，基本的に犯罪の種類の違いを超えて共通するものである。何罪かによって異なるのは，上の　　　で囲った部分だけである。例えば，すでに出てきた傷害罪や傷害致死罪についてみれば，次のようになる。

［傷害罪］
　　　客観的要件——①行為
　　　　　　　　　②傷害結果
　　　　　　　　　③行為と傷害結果の間の因果関係
　　　主観的要件——④傷害の故意

［傷害致死罪］
　　　客観的要件——①行為
　　　　　　　　　②死亡結果
　　　　　　　　　③行為と死亡結果の間の因果関係
　　　主観的要件——④傷害の故意

　さて，以上でみたような各犯罪の成立要件は，どこに書かれているのだろうか。刑法の条文をみてみよう。例えば，殺人罪であれば，それを

規定しているのは刑法199条である。

（殺人）
199条　人を殺した者は，死刑又は無期若しくは5年以上の懲役に処する。

　199条には「殺人」というタイトルがついていて，それが殺人罪についての条文であることを示している。そして，殺人罪の成立要件を定めているのは「人を殺した」という前半部分であり，殺人罪が成立した場合における法的効果としての刑罰の内容を定めているのが「死刑又は無期若しくは5年以上の懲役に処する」という後半部分である。
　これをみれば明らかなように，刑法の条文に，「殺人罪が成立するためには，行為と，死亡結果と，その間の因果関係が必要である」と直接書かれているわけではない。「人を殺した」という条文の表現から，上でみたような成立要件が解釈によって導かれていることになる。

3. 因果関係

　殺人罪や傷害致死罪が成立するためには，行為者の行為と被害者の死亡結果との間に因果関係がなければならない。因果関係の有無に着目して，次の2つの事例を比べてみよう。因果関係の有無の結論自体は明らかであるが，理由はどのように説明されるだろうか。

事例6　Xは，上司のAを殺害しようと考え，お歳暮の品に見せかけて，毒入りワインをA宅に送った。Aはワインを受領し，毒入りであることに気づかないまま，これを飲んで中毒死した。

48

事例7　Xは，上司のAを殺害しようと考え，お歳暮の品に見せかけて，毒入りワインをA宅に送った。Aはワインを受領したが，それを飲む前に持病が悪化し，心臓発作で死亡した。

　後者の事例7で因果関係が否定されるのは，Xが毒入りワインを送らなくてもAは同じく心臓発作で死亡していただろうといえるからである。つまり，行為の有無によって結果が変わらないからである。
　では，逆に，事例6で因果関係が肯定されるのは，Xが毒入りワインを送らなければAは中毒死していなかったといえるからなのだろうか。もし，事例6で因果関係が肯定される理由をそのように，〈行為がなければ結果が発生しなかった〉といえるからだと説明するのだとすると，次の事例はどのように判断されることになるだろうか。

事例8　Xは，上司のAを殺害しようと考え，職場の休憩時間中，Aのデスクに毒入りコーヒーを置いた。これを知らずに飲み苦悶して倒れたAは，病院に搬送され，医師に解毒措置を施されて一命を取り留めたものの，その夜，病院で火災が発生して，Aは焼死した。

　事例8では，Xが毒入りコーヒーをAに供しなければ，Aが病院に搬送されることもなく，最終的にAが焼死することはなかったのであるから，〈行為がなければ結果が発生しなかった〉という関係はある。しかし，この事例で因果関係を肯定してXに殺人既遂を認め，Xが「人を殺した」ものとするのは，結論として妥当ではないだろう。この事例で因果関係を否定するための説明は，次のようなものである。
　Xの行為に認められる危険は，Aが中毒死するという危険である。しかし，実際には，Aは焼死した。したがって，〈Xの行為の危険がA

の死亡結果に実現した〉という関係がなく，因果関係は認められない。

　このように，〈行為の危険が結果に実現したといえるか〉という基準で判断される因果関係を，法的因果関係と呼んでいる。これに対して，前に出てきたように〈行為がなければ結果は発生しなかったといえるか〉という基準で判断されるのは，論理的な条件関係である。

　これまでみたところをまとめると，次のようになる。

①条件関係がなければ因果関係は否定される。

②条件関係があっても，法的因果関係がなければ因果関係は否定される。

　したがって，刑法において行為と結果の間の因果関係を認めるには，法的因果関係と条件関係の両方が肯定される必要がある。この 2 つは，因果関係を表と裏から基礎づけるものといえる。

4. 法的因果関係

（1）　死因の重要性

　行為の危険が結果に実現するということが何を意味するのかを，もう少し踏み込んでみてみよう。死亡結果の場合は，被害者に傷害を負わせ，それが生理的に悪化して死亡結果が生じたというつながりがあることが重要である。そのような関係があれば，途中で異常な事態が介在していても，行為の危険が結果に実現したといえることを示すのが，次の例である。

事例 9　X は，割れたビール瓶で A を殴打し，頸部の血管損傷の傷害を負わせた。出血多量で病院に搬送された A は緊急手術を受けて，一旦は容態が安定し，担当医は全治 3 週間との見通しをもった。しかし，A は，無断退院しようとして管を抜くなどして暴れ，医師の指示に従

わずに安静に努めなかったため，治療効果が減殺され，その日のうちに容態が急変，5日後，転送先の病院で，頸部の創傷に基づく頭部循環障害による脳機能障害で死亡した。

　最高裁は，**事例9**のような事案で，傷害致死罪の成立を肯定している。一旦は容態が安定したのに，患者が自ら治療効果が減殺するような行為に出るというのは，通常ありうることではない。しかし，そのような事情があったとしても，当初の行為が生じさせた傷害から体内の生理機能が悪化して死亡結果が発生していれば，行為と結果の間の法的因果関係は肯定できる。

　死因となる傷害を負わせることが決定的であることは，次のような事例で因果関係が認められることにも表れている。

事例10　Xは，傷害の故意でAの頭部等を多数回毆打する暴行を加え，Aに脳出血を発生させて意識消失状態に陥らせた後，Aを港の資材置場まで自動車で運搬し，午後10時40分同所に放置して立ち去ったところ，Aは翌日未明，同所で脳出血により死亡した。資材置き場においてうつ伏せの状態で倒れていたAは，生存中に何者かにより角材でその頭頂部を数回毆打されており，その暴行はすでに発生していた脳出血を拡大させ，幾分か死期を早める影響をもつものであった。

　最高裁は，このような事案で，Xに傷害致死罪の成立を肯定している。因果関係の判断においては，死亡時期が多少変動することは重要でなく，死因の形成こそが重要であるということになる。行為が傷害を生じさせ，それが死因となって死亡結果が発生していれば，それ以外の因果経過の部分に通常はあり得ない事情があっても，法的因果関係は肯定

できるのである。

　学説上，かつて一般的だったのは，因果経過が一般に予見可能な範囲
で通常のものといえるかどうかを基準にして因果関係を判断する見解で
あったが，現在は，上記のような理解が一般化している。

（2）　複数の原因がある場合

　行為が物理的・生理的に死因の形成に関与していれば，その行為が唯
一の原因である必要はないと考えられている。例えば，次のような事例
である。

事例11　Ｘが高齢のＡを布団でぐるぐる巻きにする暴行を加えたとこ
ろ，もともと有していた心臓疾患が相まってＡは急性心臓死により死
亡した。

　最高裁は，ここでも因果関係を肯定している。一般的には，人を布団
でぐるぐる巻きにする行為には死亡結果をもたらす危険性はない。した
がって，事例11では，Ａの心臓疾患こそが死亡原因であるという見方
もできる。

　しかし，Ａが心臓疾患を有する高齢者であることを前提とすれば，Ｘ
による暴行は急性心臓死の危険を有する行為だったということができる。
行為の危険は，その具体的事案における相手方の状況などの客観的事情
を前提として判断されるべきである。法的因果関係において問われるの
は客観的な危険の実現であるから，相手方のそのような特殊な状況など
を行為者が認識している必要はないし，一般的に外から見て認識可能で
ある必要もない。具体的な事情を前提として行為の危険性が判断され，
その危険が結果に実現しているといえれば，法的因果関係を肯定するこ

とができる。

　逆に，事例11で因果関係を否定してしまうと，Aが死亡したのはただAの心臓疾患のみのせいであるということになってしまう。これは，弱者保護の観点から望ましくないという指摘がなされている。

（3）　法的因果関係の拡張

　判例においては，行為が直接的に死因を形成した場合以外でも因果関係が肯定されており，法的因果関係が認められる範囲は拡張している。

事例12　Xら6名は，深夜の公園でAに対し2時間以上にわたり極めて激しい暴行を繰り返した後，マンション居室において同様の暴行を加えていたが，Aは，約45分後，隣人が騒音の苦情を言いに訪れたすきに，居室から逃走した。逃走開始から約10分後，AはXらによる追跡から逃れるため，上記マンションから約800m離れた高速道路に徒歩で進入し，疾走してきた自動車に轢かれて死亡した。

　最高裁は，このような事案で，Xらの暴行行為とAの轢死という死亡結果の間の因果関係を認め，傷害致死罪の成立を肯定した。

　いきなり車道に突き飛ばすような暴行であれば別であるが，殴る蹴るの暴行には，通常，被害者が交通事故により轢死する危険は認められない。したがって，かりに，行為の危険が直接的に結果に実現した場合にのみ法的因果関係を認めるのだとすると，事例12で因果関係を肯定することはできない。

　しかし，この事例を詳しく分析すると，次のようになる。被害者Aが死亡したのは，自動車に轢かれたからである。その主要な原因の1つは，通常は人が徒歩では立ち入らない高速道路に被害者Aが進入した

からである。なぜ，通常，人は高速道路に立ち入らないかといえば，自分の生命・身体にとって危険だからであり，そのような危険は回避するのが防衛本能だからである。それにもかかわらず A が高速道路に立ち入ったのは，高速道路に立ち入る行為の危険性を過小評価したか，または，X らに発見され追いつかれた場合に予想される再度の暴行の危険性を過大評価したか，そのいずれかまたは両方であり，つまりは，通常の判断ができない心理的状況に A が陥っていたからである。そして，通常の判断ができない A の心理的状況は，X らの暴行により心理的圧迫を受けたことで形成されたものであるということができる。

　以上から，X らの暴行には，A を心理的に強く圧迫し，冷静な判断ができない状態で不適切な行為を行わせる危険があり，その暴行からの不自然とはいえない流れで，高速道路に立ち入るという A の不適切な行為が生じ，そこから A の轢死結果が生じたといえる。

　こうして，このような事例では，行為の危険が間接的に結果に実現したという説明がなされることになる。そのような場合にも，法的因果関係は認められているのである。

【学習課題】

1．殺人罪と傷害致死罪は何によって区別されるか。
2．殺人罪と殺人未遂罪は何によって区別されるか。
3．行為と死亡結果との間の法的因果関係は，どのような場合に肯定されているか。

5 │ 生命に対する保護の加重①
──強盗殺人罪

《目標＆ポイント》　格段に重い刑が設けられている強盗殺人罪の特徴および要件を解説するとともに，各種の利欲犯の扱いを確認し，保険金殺人への応用を考える。
《キーワード》　強盗殺人罪，利欲犯，保険金殺人

1. 強盗殺人罪の罪質

　殺人罪の中でも強盗殺人罪については，著しく重い刑罰が用意されている。通常の殺人罪は，刑の上限が死刑，下限は懲役5年であるのに対して，強盗殺人罪は，重いと同じく死刑であるが，軽くても無期懲役が科される。法定刑として死刑と無期懲役のみが定められている犯罪はほかにもあるが（汽車転覆等致死罪〔刑法126条3項〕など），強盗殺人罪を含むそれらは，わが国の犯罪の中で2番目に重い犯罪である（最も重いのは，死刑のみが規定されている外患誘致罪〔刑法81条〕である）。

　強盗殺人罪の特徴を確認するために，明治時代に起きたわが国初と目される列車内での殺人事件をみてみよう。舞台は，現在の山陽本線，当時の山陽鉄道である（事件の詳細については，長船友則『山陽鉄道物語』〔平成20年，JTBパブリッシング〕参照）。

　明治31年12月2日の午前2時すぎ，強盗を企てた2人組が，山陽鉄

道・鴨方駅に停車中の大阪発三田尻（現在の防府）行き下り夜行普通列車の2等客車に乗っていた1人客（後に陸軍大尉であることが判明する）に目をつけて車内に乗り込んだ。そして列車発車後，その乗客が寝ているところを匕首および短刀でめった刺しにして殺害したが，事の重大さに狼狽して何も盗らないまま，走行中にそれぞれ線路脇に飛び降りて逃走した。

その後，犯人のうち1人は宿の斡旋を依頼しに派出所を訪ねたが，未明でありしかも溝に落ちて全身ぬれねずみの状態であったため，巡査に諸々問いただされているうちに，「殺したのは自分ではない」と口走ったのをきっかけとして，犯行を自白するに至った。共犯者も鴨方駅に戻っていたところを見つかり，同じころ，福山駅に到着した列車内で被害者も発見された。

被告人両名は強盗殺人罪で起訴され，死刑が言い渡されている（大阪控訴院明治三二年五月三日判決・判例集未登載）。当時適用されていた旧刑法（明治13年制定）では，現行刑法（明治40年制定）とは異なり，強盗殺人罪の法定刑は死刑のみとされていた。一方，未遂犯は刑が必ず減軽されるともされていた（現行刑法では，未遂犯における刑の減軽の有無は裁判所の裁量に委ねられている）。本件では死刑が言い渡されているので，刑の減軽はなされていない。つまり，この強盗殺人は既遂であると判断されたということになる。ところが，上でみたように，被告人らは被害者を殺害したものの金品などを奪っているわけではない。つまり，この判決が示しているのは，殺人部分が既遂であれば，強盗部分が未遂でも，強盗殺人罪の既遂が成立すると解釈されたということである。

強盗殺人罪は，その法定刑の重さにも表れているように，極めて重大な犯罪である。これは，財産の保護よりも生命を保護することに重点を

置いたためだと考えられる。もし，殺人が既遂でも強盗が未遂であることを理由に強盗殺人も未遂として扱うとしたら，生命の保護が不十分だということになる。そのため，強盗部分の既遂・未遂の違いにかかわらず，生命を侵害したところで既遂を認めるべきだということになるのである。

　この解釈は現行刑法にも引き継がれている。現行刑法でも，強盗殺人罪が未遂か既遂かは，強盗部分ではなく殺人部分が未遂か既遂かで判断すべきものと解釈されているのである。言い方を替えると，強盗殺人罪は，特別に重い強盗罪なのではなく，特別に重い殺人罪だということになる。

2. 強盗殺人罪の基本構造

　強盗殺人罪を処罰するときに適用される刑法の条文をみてみよう。

（強盗致死傷）
240条　強盗が，人を負傷させたときは無期又は 6 年以上の懲役に処し，
　　　死亡させたときは死刑又は無期懲役に処する。

　この条文には「強盗致死傷」という犯罪の名称が掲げられている。被害者が負傷したときは強盗致傷罪であり，被害者が死亡したときは強盗致死罪で，あわせて強盗致死傷罪と呼ばれる。ただし，被害者が負傷した場合の中にも，強盗犯人が過失で被害者を負傷させた場合と，強盗犯人が故意に被害者を負傷させた場合とがある。細かく分ければ，前者が狭い意味での強盗致傷罪，後者が強盗傷人罪である。同じく，強盗犯人が過失で被害者を死亡させた場合が狭い意味での強盗致死罪であり，強

盗犯人が故意に被害者を死亡させた場合が強盗殺人罪である。強盗殺人罪は，それだけを定めた規定があるのではなく，240条で処罰される犯罪類型のうちの1つだということである。

　強盗殺人罪には，①強盗を先に実行し，その後で殺人に及ぶパターンと，逆に，②殺人を実行したうえで強盗を行うパターンとがある。240条の「強盗が」というのは，「強盗犯人が」という意味なので，上記の①の場合，例えば，強盗を実行して現金を奪った強盗犯人が，現場から離れる際に邪魔だった人を殺害するような場合は，条文の言葉にそのまま当てはまる。これに対して，上記の②の場合，すなわち，強盗よりも殺人の方が先行する場合には，殺人行為を行う時点ではまだ財産を奪っていないので，どのような意味で強盗犯人が殺人を行ったものと理解するのかが問題となる。本章の冒頭でみた列車内の強盗殺人事件は，このパターンである。

　ここでは，強盗犯人には，強盗既遂の犯人だけでなく強盗未遂の犯人も含まれるということがポイントとなる。上記①のパターンでは，強盗に成功してから殺人を実行するのでも，強盗に失敗してその後で殺人に及ぶのでも，どちらでも強盗殺人罪だとされている。つまり，殺人を実行する時点で，強盗既遂犯人でなく，強盗未遂犯人であるのでもよいことになる。そうすると，上記②のパターンでも，すなわち，殺人を実行してから強盗を行う場合でも同じで，殺人の時点ですでに強盗未遂犯人になっているとさえいえれば，強盗犯人が殺人を実行したものとみることができる。そして，財産を奪う意思で他人を殺害しようとすれば，その時点で強盗未遂が成立することが認められるので，その行為者は強盗犯人となって，そこからただちに殺人を実行するのであるから，強盗殺人罪を構成することになるのである。ここでは，強盗未遂罪は，強盗が失敗に終わる時点まで待たなくても，強盗の実行を開始すれば成立する

とされていることが前提である。

3. 利欲犯の重罰

（1） 強盗殺人罪の重罰根拠

強盗殺人罪が重く処罰される根拠は，人の生命を侵害するというだけでなく，他人の財産を自ら得ようとして被害者を殺害する犯罪であるところに求められる。つまり，利欲性のある犯罪だということである。強盗殺人行為に利欲性が認められる典型は，財産を奪うための直接の手段として殺人行為を実行する場合であるが，財産を奪った後で，あるいは，財産を奪おうとして失敗した後で，殺人を実行する場合も，利欲性のある強盗の機会に殺人が行われるのであるから，上の典型的な場合に準じて考えることができよう。

強盗殺人罪と同じく，死刑および無期懲役のみが定められている犯罪には，航空機強取等致死罪（航空機の強取等の処罰に関する法律2条），海賊行為致死罪（海賊行為の処罰及び海賊行為への対処に関する法律4条1項），人質殺害罪（人質による強要行為等の処罰に関する法律4条1項）があるが，これらはすべて，他人の生命を犠牲にして自らの利益を図るという構造を有する犯罪である。

（2） 窃盗罪の重罰根拠

犯罪の性質上，動機の利欲性に着目される場面はほかにも散見される。最も重要なのは財産犯である。例えば，窃盗罪が器物損壊罪よりも格段に重いところに，それが現れている。

他人の所有物を勝手に損壊すると器物損壊罪（刑法261条）が成立する。また，他人の所有物を，他人が事実上支配している状態から自らの

支配下にこっそり占有移転させると，窃盗罪（刑法235条）が成立する。
被害者の観点からすれば，自分の所有物が使えない状態になってしまう
点では両罪には違いがないにもかかわらず，器物損壊罪は刑の上限が懲
役３年であるのに対して，窃盗罪の刑の上限は懲役10年である。

　窃盗罪の方が格段に重いことを，被害の観点から説明することはでき
ないので，行為者の目的・意思に着目した説明がなされている。すなわ
ち，窃盗罪では，器物損壊罪とは異なり，不法領得の意思が要求され，
盗む客体である財物を使用するなどしてそこから直接利益を得る意思
（利用意思）が認められる場合にのみ成立すると解されている。した
がって，窃盗罪は器物損壊罪よりも，強い非難に値する，あるいは，予
防の必要性が高いために，重い刑が用意されているというのである。

　不法領得の意思は条文には明示的に書かれていないので，窃盗罪が器
物損壊罪よりも重いことから解釈によって導かれている要件である。つ
まり，正確に言えば，窃盗罪の重さを（被害ではなく）非難の強さ等の
観点から説明する必要があるために，窃盗罪が成立するには不法領得の
意思（利用意思）が必要であると解されているのである。そのことに
よって窃盗罪が，被害者に負担を負わせて，その分，自らが利益を享受
する構造の犯罪として，性質づけられている。

　したがって，他人の所有物を，壊したり捨てたりする目的で，他人が
事実上支配している状態から自らの支配下に勝手に移転させたとしても，
窃盗罪は成立しない。その後，現に壊したり捨てたりした時点で，器物
損壊罪が成立するにとどまることになる。

　利用意思が要件とされるのは，窃盗罪のほか，強盗罪，詐欺罪，恐喝
罪であり，これらの占有移転罪と呼ばれる犯罪は，その点では同じ構造
で理解されている。

（3） 賭博罪の処罰根拠

　以上と類似した見方ができる犯罪として，賭博罪（185条）などがある。これは，賭け麻雀など，偶然により決まる勝敗に基づいて財産の得喪を争う行為（敗者が財産を喪失し，それを勝者が取得するゲーム）を処罰対象とする犯罪である。労働や投資によらず，安易に他人の負担において財産的利益を得ようとする行為であるから，上でみた窃盗罪などの財産犯と類似した構造をもっている。しかし，財産を失う敗者もそのリスクがあることに同意しているため，具体的な被害者がいるとはいえない点で，財産犯とは本質的に異なる犯罪である。判例は賭博罪を，勤労の美風を害するほか，暴行・脅迫・殺傷・強窃盗等を誘発し，国民経済に障害を与えるおそれのある犯罪だとしている。

　賭博罪は，一般的には，社会の経済的秩序をみだす経済的風俗犯とされるが，「勤労の美風」とは，つまり，財産は労働によって獲得すべきものであるという雰囲気が社会に満ち満ちていることであり，裏返せば，労働によらず，他人に負担させて財産を獲得すべきではないという了解が社会内で共有されていることである。それを害する犯罪だというのであるから，賭博罪は，窃盗罪の処罰根拠から，具体的な被害者に対する財産侵害の部分を除いたような犯罪だとみることができる。他人の負担において不当に自ら利益を獲得する意思で行為することは，それだけでも犯罪を基礎づけうるような犯罪的要素だとされているのである。

4.　保険金殺人の構造

　生命侵害の話に戻ると，利益追求目的で行われる殺人行為には，強盗殺人のほか，保険金殺人がある。

　強盗殺人は，典型的には，他人の財産を奪うためにその人を殺害する

行為であり，その場合は，財産を奪われる被害者と殺人の被害者とは同一である。これに対して，両者が別人になるタイプの強盗殺人もある。それは，他人の財産を奪う際に，障害になる人を殺害するような行為であり，例えば，銀行強盗が店内の客を殺害するような場合である。この場合は，財産侵害の被害者と殺人の被害者とは一致しないが，それでも強盗殺人罪は成立する。

　保険金殺人では，財産を奪われる被害者は保険会社であり，生命を奪われる被害者は生命保険を掛けられた被保険者であるから，両者は必ず別人となる。もっとも，保険金殺人罪という犯罪類型は存在しない。被保険者を殺害する部分は通常の殺人罪であり，それとは別に，保険会社から保険金をだまし取る部分には詐欺罪が成立する。このうち，殺人部分については，成立する犯罪類型は殺人罪であり，その法定刑は，上限が死刑，下限が懲役5年であるものの，保険金目的での殺人であることが重い量刑を基礎づけ，被害者が1人であっても，死刑が科されうる（死刑の基準については14章参照）。そのように重い評価を受けるのは，保険会社に負担を負わせて，その分，自らが不当に利益を享受するという，強い非難に値する意思・目的に基づいて実行される殺人である点で，実質的には強盗殺人に匹敵するからである。つまり，死刑か無期懲役が科される強盗殺人罪との均衡がとられているものだと説明することができる。

　量刑が重い殺人としては，ほかに身の代金目的で拐取した被害者を殺害する行為も挙げられる。これも，成立する犯罪は，（身の代金目的拐取罪のほか）通常の殺人罪であるが，上でみてきたのと同じ理由で極めて重い量刑判断がなされているものである。

【学習課題】

1．強盗殺人罪はどのような場合に成立するか。

2．強盗殺人罪について通常の殺人罪よりも格段に重い刑罰が用意されているのはなぜか。

3．生じた被害ではなく，あるいは，生じた被害に加えて，行為の利欲性に着目した処罰がなされる犯罪にはどのようなものがあるか。

6 | 生命に対する保護の加重②
──保護責任者遺棄罪

《**目標＆ポイント**》　不作為による殺人罪に触れながら，被害者が死亡しなく
ても，また，殺意がなくても成立する保護責任者遺棄罪の要件を解説する。
《**キーワード**》　保護責任者遺棄罪，保護責任，不作為による殺人罪，殺人の
故意

1. 不作為による殺人罪

（1）　作為と不作為

犯罪を構成するのは，通常，作為行為であるが，不作為行為に犯罪が
成立することもある。

事例1　Ｘは，自分の子どもＡが池で溺れているのを発見したが，再
婚の妨げになっていたＡがいなくなれば好都合だと考えて救助活動を
行わなかったところ，Ａは溺死した。

　作為行為によって危険を作り出し，被害者の死に向けた因果の流れを
積極的に設定する場合だけでなく，すでに危険が存在し，何らかの理由
で死に向かっている被害者を救助しないという不作為行為によっても
「人を殺した」ということができる。日常用語を使えば，「見殺し」で
ある。
　事例1では，Ｘに不作為による殺人罪が成立する。適用される条文

は，通常の殺人罪と同じ刑法199条である。199条は，作為による殺人罪と不作為による殺人罪を両方同時に規定していることになる。このような規定によって処罰される不作為犯のことを，「不真正不作為犯」と呼ぶ。これは，条文がもともと不作為のみを処罰対象にしている「真正不作為犯」と対置される。真正不作為犯の典型例が，保護責任者が老年者や幼年者等に対して「その生存に必要な保護をしなかったとき」を処罰する保護責任者遺棄罪（218条）である。死亡結果や殺意がなくても処罰される特別の犯罪である。

（2） 作為義務の発生根拠

　不作為犯が成立するためには，一般に，作為義務が要求される（作為義務を負う行為者の地位を，保障人的地位または保証人的地位と呼ぶ）。作為義務に違反する行為だけが，不作為犯としての処罰対象になる。

　不作為犯の前提となる既存の危険には，物理的に存在する危険と，被害者の脆弱な状態との2つの要素がある。したがって，作為義務にも，物理的危険とのつながりに基づくものと，脆弱な被害者とのつながりに基づくものとがある。

　作為義務が認められる典型は，事例1のように，親子関係がある場合である。親は（幼年の）子に対して，また，（成年の）子は親に対して，相手の生命に危険が生じた場合には作為義務を負うと考えられている。これは，脆弱な被害者との人的関係に基づく作為義務である。

事例2　Yは，近所に住むXの子どもAが池で溺れているのを発見したが，日頃からAに悪口を言われていたことを恨んでいたため，死んでしまえばよいと思って救助活動を行わなかったところ，Aは溺死した。

　事例2では，Yは，道義的にはAを助けるべきだといえるし，一般的な意味ではAを見殺しにしたともいえるが，Aとの間に強い人的関係がないから，刑法上は，Aを救命する作為義務がなく，不作為による殺人罪は成立しないのが原則である。ただし，池の管理をYが行っていたような場合には，そこで生じた危険との関係で強いつながりが認められるから，その危険を回避する作為義務がYに認められ，危険が顕在化した後はYがAを救命する作為義務を負うことになる。

2. 保護責任者遺棄罪

（1）　殺人罪と保護責任者遺棄罪

　殺人罪では，作為犯でも不作為犯でも，すべての「人」が客体になりうる。これに対して，生存するためには他人の扶助が必要である弱者に対しては，保護責任者遺棄罪がよりあつい保護を与えている。

（保護責任者遺棄等）

218条　老年者，幼年者，身体障害者又は病者を保護する責任のある者がこれらの者を遺棄し，又はその生存に必要な保護をしなかったときは，3月以上5年以下の懲役に処する。

　殺人罪が成立するには，被害者の死亡結果と殺人の故意とが必要であり，死亡結果が要らない殺人未遂罪でも，殺人の故意はなければならない。保護責任者遺棄罪は，客体を弱者に限定したうえで，保護責任者に対して保護行為を義務づけ，それを怠ったときに，殺意がなく，また，死亡結果が発生しなくても，犯罪の成立を認めるものである。

（2）　保護客体

　客体は，「老年者，幼年者，身体障害者又は病者」と規定されているが，単純遺棄罪を定める217条の「老年，幼年，身体障害又は疾病のために扶助を必要とする者」と同義だとされる。つまり，「老年による要扶助者」「幼年による要扶助者」「身体障害による要扶助者」または「疾病による要扶助者」でなければならない（ちなみに，単純遺棄罪はほとんど適用されず，実際に重要なのは保護責任者遺棄罪である）。

　「老年」と「幼年」について，年齢による形式的基準があるわけではない。「疾病」が伴うと，より若年でも「老年」にあたり，より年齢が高くても「幼年」にあたることになりうる。

　「身体障害」には，単に手足を縛られて動けない者は含まれないとされる。そのような者は，かりに生命に対する危険に独力で対処できない状態だとしても，保護責任者遺棄罪の保護対象には含まれない。

　「疾病」は，身体・精神の健康状態が害されている状態を指し，通常の「病気」のほか，判例では，交通事故による重傷者や，高度の酩酊者，覚醒剤により錯乱状態にある者なども客体に含まれるとされる。これに対して，熟睡者や溺れかけている者は客体にあたらず，妊婦もそれだけでは「疾病」にはあたらないと解するのが一般である。

（3）　遺棄行為・不保護行為

　処罰対象となるのは，「遺棄」行為と「不保護」行為である。前者を狭い意味での「保護責任者遺棄罪」，後者を「保護責任者不保護罪」と呼び分けることがあるが，広い意味では両方合わせて「保護責任者遺棄罪」または「保護責任者遺棄等罪」である。

　同罪の対象となる典型的な行為は，老年者等を山中に捨てるおばすて行為と，幼年者等を放置するネグレクト行為である。このうち，おばす

て類型は，被害者を危険な場所に移動させる行為であり（「移置」と呼ばれる），「遺棄」行為に該当する。他方で，ネグレクト類型は，必要な保護を与えない「不保護」行為である。

　この中間に，被害者を「置き去り」にする行為があり，おばすて行為も最終的には置き去りにするということに着目すれば，「置き去り」も「移置」と同じく「遺棄」行為であるともいえるし，また，置き去りの本質はその後の不保護にあるとみれば，それは「不保護」行為にあたるともいえる。「遺棄」と「不保護」の区別をめぐっては学説上，盛んな議論が展開されている。

　いわゆる「赤ちゃんポスト」は，安全に引き継げる限りで，「遺棄」にはあたらない。

（4）　保護責任

　重要なのは，どのような状況において，誰に保護責任を認めるかである。親が自分の子である乳幼児に対して保護責任を負うのは当然だと考えられるかもしれないが，新しい判例が次のように指摘している。「刑法218条の不保護による保護責任者遺棄罪の実行行為は，同条の文言及び趣旨からすると，『老年者，幼年者，身体障害者又は病者』につきその生存のために特定の保護行為を必要とする状況（要保護状況）が存在することを前提として，その者の『生存に必要な保護』行為として行うことが刑法上期待される特定の行為をしなかったことを意味すると解すべきであり，同条が広く保護行為一般（例えば幼年者の親ならば当然に行っているような監護，育児，介護行為等全般）を行うことを刑法上の義務として求めているものでないことは明らかである」（最判平成30年3月19日刑集72巻1号1頁）。

　つまり，親の子に対する育児行為や子の親に対する介護行為が日常的

に不十分であるだけで保護責任者不保護罪が成立するわけではない。特定の具体的な保護行為がなされないと被害者の生命に影響が生じかねない状況において，そのような保護行為を行わないことが処罰対象となる。

　親子関係・夫婦関係やそれに類する継続的な人的関係があっても，ある程度の危険が生じなければ保護責任は認められないことの裏返しで，ある程度の危険が生じている状況では，継続的な人的関係がなくても，それに対処する保護責任が課される場合がありうることになる。

　判例では，次のような場合に保護責任者遺棄等罪が肯定されている。

事例3　Ｘは，自動車の運転中，過失により通行人Ａに接触して歩行不能の重傷を負わせたが，Ａを自車に乗せて現場を離れ，降雪中の薄暗い車道上まで運び，医者を呼んでくると欺いて，Ａを自車から降ろし，そこに放置して立ち去った。

事例4　医師Ｘは，妊婦Ｙの依頼を受けて，妊娠26週の胎児の堕胎を行い，出生した未熟児Ａは，適切な医療を施せば生育する可能性があったが，ＸはＡを自己の医院内に放置した。

事例5　Ｘは，同じ寮に住む会社の同僚Ａと飲食に出かけた際，Ａが喧嘩に巻き込まれ，ビール瓶の破片で太ももを刺されて出血多量で倒れたが，救護措置をとらず，Ａを路上に放置して立ち去った。

（5）　保護責任者遺棄等致死罪

　保護責任者遺棄罪や保護責任者不保護罪を犯した結果，被害者が死亡した場合には，保護責任者遺棄致死罪，または，保護責任者不保護致死罪（合わせて保護責任者遺棄等致死罪）が成立しうる。

　そこでは，遺棄行為や不保護行為と死亡結果との間に因果関係がなければならない。特に問題になるのは，不作為である不保護行為と死亡結

果との間の条件関係である。判例では，かりに救命措置を施していれば
「十中八九救命が可能であった」というときに，被害者の救命が合理的
な疑いを超える程度に確実であったと認められる，として，条件関係が
肯定されている。逆にいえば，かりに救命措置を施していたとしても，
被害者が助かったかどうかは五分五分だという場合は，被害者が現に死
亡していても，行為者の不保護が原因であるとは言い切れないというこ
とになって，致死罪にはならない。

　その場合でも，五分五分とはいえ，救命の可能性がそれなりにはあっ
たということであるから，救命できる可能性に賭けて救命措置をとるべ
きだとして，保護責任自体は課され，それを怠った点について，保護責
任者不保護罪の限度では，犯罪が成立することになる。

3.　殺人の故意

（1）　意図と確定的故意

　保護責任者が要扶助者に必要な保護を与えず死亡させたという場合，
殺人の故意があれば不作為の殺人罪になる。作為で遺棄する場合も同様
で，保護責任者遺棄等致死罪にとどまるのは，殺人の故意がない場合に
限られる。

　では，殺人の故意とはいったい何であろうか。故意というのは，一般
的には，わざと，とか，分かっていながら，といった意味である。刑法
における故意は，どのようにわざとなのか，あるいは，どの程度分かっ
ていたのか，という程度や質の違いによって，いくつかの種類に分けら
れる。

事例6　Xは，保険金をだまし取ろうと企て，事故に見せかけて，睡

眠薬で眠らせた A を自動車ごと海に転落させた。A は間もなく溺死した。

　ここで X は，A が死亡しないと保険金が取得できないのであるから，積極的に A を殺したいと考えている。X に認められるのは，殺人の故意の中でも，意図と呼ばれる強い故意である。X には当然，殺人罪が成立する。

事例7　X は，保険金をだまし取ろうと企て，A の食事に毒物を混入させた。X は，用意できた毒物の量が少ないため，A を確実に死亡させられはしないが，失敗した場合は改めて別の手段をとればよいので，今回は失敗してもよいと考えていた。

　ここでも，X には殺人の意図が認められる。確実に死亡させられるという認識がなくても，意図があれば殺人の故意は肯定できる。したがって，X には，A が死亡すれば殺人罪が成立し，A が死亡しなくても殺人未遂罪が成立する。

事例8　X は，10階建てのビルの屋上で A の言動に腹が立ったので，A を下に突き落とした。A は路面に体を強く打ち付けて死亡した。

　この場合，X は，保険金目的の事例とは異なり，A を死亡させることを主目的にして行動しているわけではなく，その意味で，必ずしも A を積極的に死亡させたいと考えているわけではない。しかし，X は，自分の行為によって A が確実に死亡するだろうと認識していたと考えられる。このような場合に認められる故意を，確定的故意と呼ぶ。X

には殺人の確定的故意が認められるので，殺人罪が成立する。

　故意を認めるためには，積極的な目的（意図）があれば，結果発生の確率は小さいという認識でも足り，結果発生の確率が高いという認識（確定的故意）があれば，積極的な目的はなくてもよいとされる。

（2）　未必的故意

　故意は，意図や確定的故意より薄いものでも足りるとされている。どれくらい薄いものでもよいのか。次の事例を比べてみよう。

事例9　Xは，Aが死亡するかもしれないし死亡しないかもしれないと認識しつつ，橋の上からAを突き落とした。Aは橋の下の湖で溺死した。
事例10　Xは，Aが死亡するかもしれないし死亡しないかもしれないと，事前に認識したが，Aは泳ぎが得意だから結局のところ大丈夫だろうと考えて，橋の上からAを突き落とした。しかし，Aは橋の下の湖で溺死した。

　事例9と事例10のXはいずれも，Aを死亡させる可能性があることを，行為に先立って認識している。違いがあるのは，最終的にその認識を打ち消したうえで行為に出たかどうかである。事例9のXは，死亡させることの認識を維持したまま行為に出ているので，殺人の故意が認められる。これに対して，事例10のXは，死亡させることの認識を打ち消したうえで行為に出ているため，殺人の故意が否定される。

　ここでポイントとなるのは次の2つである。

　第1に，故意は，事前にどのような認識を有していたかではなく，行為に出た時点での行為者の主観面の問題である。ある行為を故意犯とし

て処罰対象にするためには，その行為の時点で故意が認められなければ
ならない。これを，故意と行為の同時存在の原則という。事例10では，
まさにＡを突き落とす時点では殺人の故意がないので，殺人罪は成立
しない。

　第2に，行為の時点で，結果が発生しないかもしれないという認識が
併存していても，そのことのみによって故意が否定されることはない。
つまり，行為者の主観面に〈結果が発生して犯罪となる事実〉と〈結果
が発生せず犯罪とならない事実〉とがともに描かれているときは，故意
が認められる。この場合の故意を，未必的故意という。事例9では，殺
人の未必的故意が肯定され，殺人罪の成立が認められる。

（3）　犯罪事実の認識・認容

　〈自らの行為から結果が発生するという犯罪事実〉を認識しながら，
あえて行為に出たときに，その犯罪事実についての故意が認められるこ
とになる。このことを指して，一般に，〈故意とは，犯罪事実の認識・
認容である〉とされている。

　〈犯罪事実の認識・認容〉は，犯罪を構成する事実を主観面に思い描
きながら（＝認識），あえて行為に出る（＝認容）ということによって
認められる。行為から結果が発生するという客観的要件が満たされてい
れば，あえて行為に出たということはすでに前提になるから，重要なの
は〈犯罪事実の認識〉がどのような場合に認められるかである。これは，
(i)認識の対象である〈犯罪事実〉とは何かという問題と，(ii)主観面がど
のような状態であるときに〈認識している〉といえるのかという問題に
分けられる。それぞれ若干詳しくみると以下のとおりである。

　(i)故意における認識の対象は，例えば殺人罪であれば，〈自分の行為
から因果関係が認められる形で人の死亡結果が発生する〉という事実で

ある。〈犯罪の客観的要件に該当する事実の外形〉を認識しなければならない。これは，事実の認識と呼ばれる。これに対して，〈自らの行為が刑法に違反して犯罪を構成する〉ということの認識，すなわち，法的評価の認識は，故意を認めるために必要ではない。つまり，事実の認識があれば，〈この行為は犯罪を構成せず法的に許される〉と誤って認識していたとしても，故意は否定されない。

事例11　X は，日本の刑法では出産直後の子を死なせても犯罪ではないと勘違いして，産まれたばかりの子 A を殺害した。

　ここで X には，〈自らの行為から因果関係が認められる形で人の死亡結果が発生する〉という事実の認識がある。したがって，〈この行為は犯罪とは評価されない〉と認識していたとしても，殺人の故意は認められ，殺人罪が成立する。このことは，刑法38条 3 項本文が，「法律を知らなかったとしても，そのことによって，罪を犯す意思がなかったとすることはできない。」と規定している。

　(ii)主観面がどのような状態であるときに〈認識している〉といえるのかという問題については，行為の時点で行為者の主観面に〈犯罪事実〉が描かれていれば，同時に〈犯罪とはならない事実〉が描かれていても，故意は肯定できる。これは，未必的故意についてすでに述べたとおりである。そして，主観面に〈犯罪事実〉が描かれていれば故意としては十分であるので，それを超えて意図等があるかどうかは，量刑上は意味があるとしても，犯罪の成否には影響しない事柄となる。つまり，未必的故意が，故意の最低限度を画しているということになる。

【学習課題】

１．作為と不作為はどのような違いがあり，どのように区別されるか。

２．作為義務・保護責任はどのような場合に認められるか。

３．不作為による殺人罪と保護責任者不保護致死罪はどのように区別されるか。

7 | 生命に対する保護の加重③
——略取誘拐罪と特別の減免制度

《目標＆ポイント》　未成年者略取誘拐罪と各種の目的略取誘拐罪の要件を解説するとともに，刑を減軽・免除することにより生命の保護を図る特別の制度について概説する。

《キーワード》　未成年者略取誘拐罪，身の代金目的被拐取者解放減軽，中止犯

1. 未成年者略取誘拐罪

　略取誘拐罪（拐取罪）は，未成年者を連れ去る行為，または，未成年者に限らず人を特定の目的をもって連れ去る行為を処罰するものである。このうち，まず未成年者拐取罪をみてみよう。

（未成年者略取及び誘拐）
224条　未成年者を略取し，又は誘拐した者は，3月以上7年以下の懲役に処する。

　未成年者拐取罪は，未成年者を略取し，または，誘拐する行為を処罰するものである。

　未成年者とは，民法上の成年年齢に満たない者（2022年3月31日までは20歳未満，2022年4月1日からは18歳未満）である。

　実行行為である略取・誘拐は，未成年者をその生活環境（監護権者が

指定する居所）から離脱させて自己（または第三者）の支配下におく行為をいう。暴行・脅迫による場合が略取，それ以外の偽計や誘惑などによる場合が誘拐であるとされる。しかし，生後間もない乳児を優しく抱きかかえて連れ去る行為も略取にあたるとされるので，「暴行」による限定は事実上ないに等しい。財産犯であれば窃盗・恐喝・強盗に対応する場合が略取，詐欺・準詐欺に対応する場合が誘拐，という程度の区別である。

　未成年者に対する支配の設定により既遂となる。例えば，自動車に乗せて発進可能な状態になった時点で既遂である。なお，監禁は必須でない。

　保護法益を巡る議論は収束をみせないが，未成年者の居たい場所に居る自由および生命身体の安全とするのが現在有力な見解である。低年齢の場合は生命身体の安全が主となり，成年に近い場合は自由が前面に出る。しかし，未成年者本人の同意は本罪の違法性を阻却しないと一般に解されていることから，近年は，未成年者の利益を直接の保護法益とするのではなく，古くからあった監護権説を洗練させ，未成年者の長期的な健全育成の前提として居所を指定する監護権が保護法益である（法益主体は監護権者であるが，終局的な利益享受主体は未成年者である）とする見解も出されている。監護権は，親権者が有するほか，親権者がいなくても後見人に認められる。

　親どうしが子を奪い合う事案では，親による連れ去りも本罪の構成要件に該当するとしたうえで，例外的に違法性が阻却されうるとするのが判例の立場である（最決平成17年12月6日刑集59巻10号1901頁）が，どのような場合に違法性が阻却されるかの詳細はまだ明らかにされていない。

2. 目的拐取罪

　未成年者でなくても，特定の目的で人を略取・誘拐する行為は処罰される。目的拐取罪と呼ばれる。

（営利目的等略取及び誘拐）

225条　営利，わいせつ，結婚又は生命若しくは身体に対する加害の目的で，人を略取し，又は誘拐した者は，1年以上10年以下の懲役に処する。

（身の代金目的略取等）

225条の2　近親者その他略取され又は誘拐された者の安否を憂慮する者の憂慮に乗じてその財物を交付させる目的で，人を略取し，又は誘拐した者は，無期又は3年以上の懲役に処する。

（所在国外移送目的略取及び誘拐）

226条　所在国外に移送する目的で，人を略取し，又は誘拐した者は，2年以上の有期懲役に処する。

　目的拐取罪は，人を，①営利，②わいせつ，③結婚，④生命・身体に対する加害，⑤所在国外への移送，または，⑥身の代金の目的で略取・誘拐すると成立する。客体は，年齢を問わない（未成年者の場合は，未成年者拐取罪と法条競合という関係になり，重い目的拐取罪のみが成立する）。実行行為は，未成年者拐取罪と同じである。

　限定列挙された目的のいずれかがあることにより，拐取後に被害者の自由や生命身体の安全が害される危険が認められることになる。例えば，営利目的は，自由を奪って労働させたり，労働させる者に売り払うことが典型的に予定されている。身の代金目的拐取罪は，行為者にとって被

害者が，単に身の代金を獲得するための道具に過ぎない一方で，重要な
目撃証人であるため，これが殺害される事案が少なくないことから，非
常に重い刑が定められている。判例では，「安否を憂慮する者」は，親
族に限られず，「社会通念上，安否を憂慮すべき者」に拡張され，相互
銀行の社長が拐取される場合における同銀行幹部や，銀行行員が拐取さ
れる場合における同銀行頭取も，これにあたるものとされている。拐取
時に身の代金目的がない場合でも，拐取後に現に身の代金を要求し，ま
たは交付させれば，身の代金目的拐取罪と同じ刑で処罰される（225条
の2第2項）。

3. 被拐取者解放減軽

　身の代金目的拐取罪は，公訴提起前に被害者を安全な場所に解放した
とき，刑が必要的に減軽される（228条の2）。犯人に報奨を用意して生
命保護の最後の機会を追求しようとする制度である。つまり，解放減軽
の保護法益は，被拐取者の生命である。
　すでに拐取された被害者の生命は，殺人罪の処罰によって保護するの
が原則である。しかし，身の代金目的拐取罪の法定刑は無期または3年
以上の懲役であり，一旦同罪が成立すると，その後，被拐取者を殺害し
て殺人罪が成立しても，死刑の選択肢が加わるなどの違いがあるだけで
ある（身の代金目的拐取罪の立法当時は，まだ殺人罪の刑の下限が懲役
3年で，身の代金目的拐取罪と殺人罪の違いがいまよりもさらに小さ
かったという事情もあった）。そこで，被拐取者を死亡させる場合と，
そのおそれがない状態を作出する場合との法的効果の差を十分に大きく
するために，被拐取者解放の必要的減軽が用意されたものと解される。

4．中止減免

（1）　概観

　解放減軽に類似する制度として中止減免がある。何罪であれ，未遂犯の成立後，「自己の意思により犯罪を中止した」ときは，刑が必要的に減免される（刑法43条ただし書）。次の強盗の事例で中止減免制度を概観しよう。

事例 1　X は，コンビニのカウンター越しに店員 A を包丁で脅して現金を要求し，A から現金を奪って店を出た。
事例 2　X は，コンビニのカウンター越しに店員 A を包丁で脅して現金を要求したが，A に隙を突かれて包丁を奪われたので，何もとれずに店を出た。
事例 3　X は，コンビニのカウンター越しに店員 A を包丁で脅して現金を要求したが，A に諭され，反省して，何もとらずに店を出た。

　X に成立する犯罪は，事例 1 では強盗既遂，事例 2 および事例 3 では強盗未遂である。強盗未遂はさらに，事例 2 の通常の強盗未遂（障害未遂）と，事例 3 の強盗の中止犯（中止未遂）に分けられる。事例 3 のように強盗を中止しても，一度成立した強盗未遂がなかったことにはならない。
　事例 1 で適用される強盗罪の法定刑は，懲役 5 年～20年である。そして，事例 2 では，処断刑の幅は懲役 2 年 6 月～20年である（法定刑〔懲役 5 年～20年〕からの裁量的減軽）のに対して，事例 3 では，懲役 2 年 6 月～10年または免除であり（法定刑〔懲役 5 年～20年〕からの必要的減免），刑が減軽されない可能性がない点で通常の未遂よりも刑の上限

が低くなるとともに，免除がありうる点で刑の下限も通常の未遂より低くなる（刑の免除というのは，有罪であるが刑が科されないという特殊な場合である。刑の執行猶予とも異なる。刑の免除が妥当である事案は，通常はそもそも起訴されない）。

　中止犯は，通常の犯罪を裏返したものである。通常の犯罪の場合は，法益保護を目的とした予防のために処罰規定を設け，個々の犯罪行為について結果を発生させたことに対する応報として刑罰を科す。これに対して，中止犯の規定の政策的根拠は，法益保護のための予防にあり（つまり，中止を奨励して法益保護の最後の機会を追求する），個別具体的な行為についての中止減免の根拠は，意識的に危険を消滅させたことに対する報奨である（プラスの応報）。したがって，殺人の中止犯であれば，中止減免制度の保護法益は人の生命だということになる。

　「中止」とは途中で止めることであるから，中止犯は継続中の未遂犯であることを前提にする。①未遂の成立前の予備の段階で犯行計画を実行に移すのを止めたり，②既遂後に被害の拡大を防止しても，中止犯にはならない。また，③未遂犯が成立しても，既遂の危険が消滅した後（失敗未遂）には，やはり中止犯の余地はない。ただし，自首すれば裁量的減軽の対象となる（刑法42条）。

　継続中の未遂犯であることを前提にして，中止犯の要件は，「犯罪を中止した」という中止行為の要件と，「自己の意思により」という任意性の要件に分けられる。

　中止行為の要件は通常の犯罪の裏返しであり，次のように客観的要素と主観的要素からなる。〈実行行為により危険を創出し，その危険が結果に実現する〉という犯罪の客観面を裏返すと，中止行為の客観面は，〈存在する既遂の危険を中止実行行為により減少させ，その危険減少が危険消滅結果に実現する〉という構造になる。また，犯罪の主観面であ

る故意に対応させると，中止行為者の主観面には，中止行為の客観面の全体が反映していなければならない。つまり，中止故意として，〈既遂の危険が存在することの認識〉と，〈中止実行行為から危険消滅結果が生じることの予見〉が必要である。中止故意は条文上，「犯罪を中止した」の中に位置づけられる。これは，殺人罪で故意があるときにのみ「人を殺した」と言うのと同じである。

（2）　中止行為

中止行為には2つの態様がある。それは，中止行為によって減少・消滅させる必要がある既遂の危険の内容に対応している。

既遂の危険が，行為者がさらに実行行為を行う意思を有していることのみに基づいて認められる場合（実行に着手しただけで実行行為がすべて完了してはいない段階であることから，着手未遂または未終了未遂という）には，犯行継続の意思を放棄してその後の実行行為を行わないという「不作為態様」の中止行為で十分である。前出の**事例3**はこれにあたる。

これとは別に，次のような態様の中止行為もある。

事例4　Xは，Aを殺害するためにA宅に時限爆弾を設置したが，逃走中に急に怖くなったので，再びA宅に戻って時限爆弾を撤去した。
事例5　Xは，放火の故意をもってA宅に火を放ったが，火を見て急に怖くなったので，傍らにあった消火器で消し止めた。

もはや行為者が何ら積極的な実行行為を行わなくても，行為者の行為以外の事情（物理的な因果の流れや他人の行為）のみで既遂に達する危険が認められる場合（既遂に必要な実行行為がすべて完了していること

から，実行未遂または終了未遂という）には，既遂に向かっている因果の流れを積極的にさえぎることで既遂に達するのを防止する「作為態様」の中止行為が求められる。それがない場合は，中止行為の要件が満たされない。

　作為態様の中止行為が求められる実行未遂の事案で，中止行為要件の客観面を満たすためには，作為態様の行為によって危険が消滅することに加えて，行為者自身に「真摯な努力」が必要だとされる場合がある。それが求められるのは，危険を消滅させるのに他人の助力を得た場合である。これは，他人の助力を得て中止した場合を中止犯の「共犯」に見立てたとき，実行正犯である他人に対する「幇助」や「教唆」のような軽い働きかけでは不十分であり，「共同正犯」といえるだけの重要な関与が求められていると位置づけると分かりやすい。中止行為は単独ではなく共同のものでもよいが，「正犯」であってはじめて「犯罪を中止した」に該当するのである。

事例6　Ｘは，Ａ宅を全焼させる目的で母屋の脇の物置に放火したが，炎を見て怖くなったので，隣の住民Ｂに「Ａ宅に放火したので，あとはよろしく頼む」と告げて逃走した。それを聞いたＢの消火活動により間もなく火は消し止められ，物置が燃えるだけで終わった。
事例7　Ｘは，殺意をもってＡの腹部をナイフで刺したが，出血するＡを見て大変なことをしたと思い，Ａを救命すべく119番通報した。Ｘは，救急車が来るまでの間に凶器のナイフを隠し，到着した救急隊員にも「通りかかったら血を流して倒れていた」と虚偽の説明をした。Ａは，病院で緊急手術を受けて助かった。

　事例6では，現住建造物放火の既遂（母屋が独立燃焼した時点で認め

られる）の危険を直接に消滅させたのは住民Bである。そして，Xによる関与は教唆の程度にとどまる。XはBによる消火のきっかけを提供しただけで，具体的な消火方法の決定や消火活動に参加しておらず，また，BがXとの相互的な強い心理的つながりの下で消火を実行したともいえないからである。

　同様に，事例7でも，Xは救急措置のきっかけを提供しただけである。しかし，救急や消防への通報は作為態様の中止行為として十分であろう。公的な救急・消防は，通報者を含む社会全体で共同して救命・消火活動を担うシステムだからである。

　なお，「真摯な努力」という用語は，責任非難の問題だと誤解させ，事例7のXによる証拠隠滅などのように，法的に非難されるべき行為がある場合は中止減免を否定すべきだという結論になりかねないが，そのように考えるのは適切でない。

（3）　中止行為の任意性

　中止行為には任意性が認められなければならない。任意性を判断する際には，まず，〈中止の動機となった外部的事情が一般に犯行継続の障害になるものかどうか〉を検討する。

事例8　Xは，殺意をもってAに拳銃を向けたが，パトカーのサイレンが聞こえてきたので，発砲音で警察に見つかり逮捕されるのが怖くなって止めた。
事例9　Xは，殺意をもってAに拳銃を向けたが，被害者から必死の命乞いを受けているうちに，面倒になって止めた。

　警察官の存在は一般に，逮捕・処罰の恐怖を介して，犯行継続の心理

84

的障害になると解されている（理由なく急に我にかえって，犯行を継続することが怖くなった場合とは異なる）。これに対して，被害者が命乞いなど犯行中止を懇願することは，通常，犯行継続の障害にはならない。

　一般に犯行継続の障害となる外部的事情を動機として中止した場合であっても，「広義の悔悟」（悔悟，慚愧(ざんき)，恐懼(きょうく)，同情，憐憫(れんびん)，その他これらに類する感情）がその動機を十分に弱めているといえるときは，任意性を肯定してよい。そこでは，いずれが主たる動機といえるかが1つの判断基準となる。

事例10　Xは，Aを刺殺しようとしたが，使おうとした凶器に大嫌いな虫が着いていたので，これでは殺せないと思って立ち去った。

　虫の存在は，一般には犯行継続の障害とはならないが，当該行為者にとって心理的障害になるのであれば，任意性を否定してよい。つまり，「一般に」というのは，通常の事案で処理する場合の規範であって，例外的な個別事情がある場合は，当該行為者を基準にして任意性を判断すべきである。ここでは，当該行為者が「できるのに止めたのか，できないから止めたのか」というフランクの公式が妥当する。

【学習課題】
1．拐取罪にはどのような類型があり，それぞれの処罰規定は何を守ろうとするものか。
2．被拐取者解放減軽とはどのような制度か。
3．中止減免とはどのような制度か。

8 | 生命に対する保護の加重④
——結果的加重犯

《目標＆ポイント》 いわゆる結果的加重犯（各種の致死傷罪）について解説
し，死亡結果の原因となりうる犯罪としてどのようなものがあるかを確認し
て，法益保護主義について考える。
《キーワード》 結果的加重犯，監禁致死罪，同時傷害の特例，法益保護主義

1. 結果的加重犯とは

　結果的加重犯とは，ある故意行為から，行為者が予測していなかった
ような死亡結果等が生じたときに，故意行為が構成する犯罪と，過失致
死罪等の成立を別個に認めるのではなく，故意行為から死亡結果が発生
したという1個の重い犯罪として認められるものをいう。本書でこれま
でに登場したところでは，傷害致死罪と保護責任者遺棄致死罪がこれに
あたる。故意行為で構成される傷害罪や保護責任者遺棄罪の部分が基本
犯と呼ばれ，そこから発生する死亡結果は加重結果と呼ばれる。
　刑法には数多くの結果的加重犯が規定されている。死亡結果に対する
故意が認められる場合は殺人罪が成立するわけであるが，殺人の故意が
なくても，それ自体ある程度危険な行為を故意に実行し，そこから死亡
結果が発生してしまった場合は，それなりに重く処罰することが，応報
の要請への応答や被害者の保護に資すると考えられている。

2. 監禁致死罪と因果関係

　結果的加重犯で重要なのは，基本犯と加重結果との間の法的因果関係
である。すでにみたように，危険の実現が問題なく認められるのは，ⓐ
行為者の行為の危険が直接的に結果に実現する〈直接実現の類型〉であ
る。そしてそれとは別に，ⓑ直接的には，他人（被害者や第三者）の不
適切な行為の危険が結果に実現しているものの，そもそも行為者の行為
が当該他人の不適切な行為を誘発していた関係が認められるという〈間
接実現の類型〉でも，危険の実現は肯定できるのだった。

　さらに，判例では次のような事例でも法的因果関係が肯定されている。
ここでは，危険の実現はどのように説明することができるだろうか。

事例1　Xは，金銭トラブルを決着させるため，ある日の午前3時40
分頃，駐車場でAを自動車後部のトランクに押し込んで脱出不能にし
た状態で同車を発進させ，知人と合流するため，コンビニ前に停車した。
停車地点は，車道の幅員約7.5m，片側1車線でほぼ直線の見通しのよ
い道路上だったが，停車から数分たった午前3時50分頃，前方不注意の
第三者Yが運転する自動車が時速約60kmで追突したため，トランク内
のAは脳挫傷を負って死亡した。

　Yに過失運転致死罪が成立するのはよいとして，問題になるのはX
に監禁致死罪が成立するかどうかであり，問われるのはXの監禁行為
とAの死亡結果との間の因果関係である。因果関係が認められれば監
禁致死罪（221条）が成立し，因果関係が否定されれば監禁罪（220条）
が成立するにとどまることになる。

　危険の実現を順に検討しよう。まず，危険の直接実現は肯定できるだ

ろうか。他人を自動車のトランクに閉じ込める行為には，餓死や窒息死の危険はあっても，脳挫傷による死亡の危険は通常認められない。したがって，**事例1**のXの行為とAの死亡との因果関係を危険の直接実現で説明することはできなさそうである。

　では，危険の間接実現は認められるだろうか。追突したYの前方不注意は，Xが誘発したものではなく，Xの監禁行為とは関係なく純粋にYのみによってもたらされたものである。したがって，**事例1**の因果関係を危険の間接実現で説明することもできない。

　そうすると，判例では，危険の実現が肯定できない事案で因果関係が認められていることになるのだろうか。最高裁の判旨をみてみよう（最決平成18年3月27日刑集60巻2号382頁）。

「以上の事実関係の下においては，被害者の死亡原因が直接的には追突事故を起こした第三者の甚だしい過失行為にあるとしても，道路上で停車中の普通乗用自動車後部のトランク内に被害者を監禁した本件監禁行為と被害者の死亡との間の因果関係を肯定することができる。」

　これをそのまま読むと，単に「この事案では因果関係が認められる」という結論を言っているだけのようにみえるかもしれない。しかし，細かいところにも注意してみると次のようになる。

　ここでは，どの行為とどの結果との間に因果関係が認められているだろうか。結果は「被害者の死亡」とされている。行為は「本件監禁行為」とされている。「本件監禁行為」というのは，XがAを自動車のトランクに押し込んだ行為だろうか。そうではなく，「道路上で停車中の普通乗用自動車後部のトランク内に被害者を監禁した本件監禁行為」とされている。

88

もう一度事例を振り返ってみると，次のような経過だった。

3時40分頃　XがAを自動車後部のトランクに押し込む
3時45分頃　Xが自動車を道路上に停車させる
3時50分頃　Yの自動車が追突する

　最高裁が「本件監禁行為」と呼んでいるのは「道路上」での監禁であり，時刻でいえば，3時40分頃の行為ではなく，3時45分頃以降の行為である。つまり，最初にAをトランクに押し込んだ行為ではなく，道路上で停車中に監禁し続けた行為を問題にしているのである。
　さきほど危険の直接実現が肯定できるかどうかを検討した際には，「他人を自動車のトランクに閉じ込める行為には，餓死や窒息死の危険はあっても，脳挫傷による死亡の危険は通常認められない」とした。そこでは，最初に閉じ込める行為の危険を問題にしていた。では，道路上に停車中の自動車のトランクに監禁し続ける行為に認められる危険は，どのようなものだろうか。
　自動車の座席がある部分は，乗車中の人を事故から守るために，頑丈につくられている。逆に，後部トランクは，追突事故の際に，座席がある部分を守るためのクッションの役割を果たすべく，ほどよく潰れやすくできている。そのことを前提にすると，道路上に停車中の自動車のトランクに監禁し続ける行為は，被害者を無防備な（自力では守れないし逃げられない）状態で道路上に放置する行為に匹敵するといえる。そして，いうまでもなく，道路上には通常の自動車交通があるから，道路上に無防備に放置された被害者は，他の自動車の衝突により死亡する危険にさらされているということができる。
　この事例では，その危険が実現しているので，監禁行為と死亡結果の

間に法的因果関係を認めることができるという分析になる。これは，〈危険状況の設定〉と〈設定された状況的危険の現実化〉とも表現される。

3. 傷害罪と傷害致死罪

　傷害致死罪は，傷害罪を基本犯とし，死亡を加重結果とする結果的加重犯である。そして，傷害罪自体も，暴行罪の結果的加重犯の部分を含むと解されている。すなわち，傷害罪には 2 種類があり，それは，①傷害結果について故意がある故意犯としての傷害罪と，②暴行の故意しかないにもかかわらず傷害結果を発生させたという結果的加重犯としての傷害罪であって，その 2 つが同時に刑法204条で規定されていると解されているのである。したがって，傷害致死罪には，暴行罪を基本犯とする二重の結果的加重犯の部分が含まれているということになる。

　ところで，監禁罪と監禁致死傷罪の条文をみると，次のように規定されている。

（逮捕及び監禁）
220条　不法に人を逮捕し，又は監禁した者は，3 月以上 7 年以下の懲
　　　役に処する。
（逮捕等致死傷）
221条　前条の罪を犯し，よって人を死傷させた者は，傷害の罪と比較
　　　して，重い刑により処断する。

　監禁罪の法定刑は220条に規定されているとおりであるが，監禁致死罪の法定刑はどのように理解したらよいのだろうか。条文を見るだけで

はただちには分からないところなので，ここで確認しておこう。

　221条は，「傷害の罪と比較して，重い刑により処断する」と表現している。何と何を比較するかというと，「監禁罪」と「傷害の罪」である。「傷害の罪」というのは，「傷害罪」と同じではなく，刑法典第2編第27章の「傷害の罪」を指している。具体的には，「傷害罪」と「傷害致死罪」の両方である。

第27章　傷害の罪
（傷害）
204条　人の身体を傷害した者は，15年以下の懲役又は50万円以下の罰金に処する。
（傷害致死）
205条　身体を傷害し，よって人を死亡させた者は，3年以上の有期懲役に処する。

　そうすると，①監禁致傷罪の法定刑は，監禁罪と傷害罪を比較して導き，②監禁致死罪の法定刑は，監禁罪と傷害致死罪を比較して導く，ということになる。その際には，それぞれ両罪を比較して，刑の上限も下限も重い方を採用する。つまり，①監禁致傷罪は，監禁罪の「3月以上7年以下の懲役」と傷害罪の「15年以下の懲役又は50万円以下の罰金」を比較すると，上限は傷害罪が重く，下限は監禁罪が重いので，「3月以上15年以下の懲役」が法定刑になる。②監禁致死罪の場合は，監禁罪と傷害致死罪では，上限も下限も傷害致死罪の方が重いので，法定刑は傷害致死罪と同じく「3年以上20年以下の懲役」（有期懲役の上限が20年であることは12条1項に規定されている）になる。

4. 同時傷害の特例

　傷害罪と傷害致死罪に関しては，暴行行為と傷害・死亡結果との間の因果関係が厳密に証明されなくても犯罪の成立が認められるとする，特別の規定が用意されている。

（同時傷害の特例）

207条　2人以上で暴行を加えて人を傷害した場合において，それぞれの暴行による傷害の軽重を知ることができず，又はその傷害を生じさせた者を知ることができないときは，共同して実行した者でなくても，共犯の例による。

　行為者どうしが意思連絡して共犯になる場合は，直接は誰が暴行を加えたのであれ，すべて全員による共同の暴行行為と評価されるため，そのうち誰による暴行が傷害・死亡結果の原因になったのかが特定できなくても，全員に傷害罪・傷害致死罪の成立を認めることができる。これに対して，共犯関係がない場合には，行為者ごとに，その者自身の暴行と傷害・死亡結果との間に因果関係があることを検察官が立証しない限り，傷害罪・傷害致死罪で処罰されないのが原則である。しかし，2人以上が被害者に暴行を加えた事案においては，生じた傷害の原因となった暴行を特定することが困難な場合が多く，その一方で，そのうち誰かが傷害を負わせ，あるいは死亡させたことは確かであるのに，誰も傷害罪・傷害致死罪にならないのは正義に反することから，共犯関係が立証されない場合であっても，例外的に共犯と同じように扱う，つまり，因果関係があるものとして扱うのである。

　207条を適用する際には，まず，検察官が，

①２人以上の行為者の各暴行が問題の傷害を生じさせ得る危険性を有するものであること，および
②各暴行が外形的には共同実行に等しいと評価できるような状況において行われたこと，すなわち，同一の機会に行われたものであること
を証明しなければならない。その証明がされた場合は，各行為者は，
③自己の関与した暴行がその傷害を生じさせていないことを立証しない限り，傷害についての責任を免れない
ということになる。つまり，因果関係について，挙証責任が検察官から被告人に転換されている。

事例２　Ｘは，Ａに対して殴る蹴るの激しい暴行を加えた。Ｘが立ち去ったあと，倒れているＡの元にＹがやってきて，ＹもＡに対して殴る蹴るの激しい暴行を加えた。その後，Ａは，脳出血により死亡した。Ａの脳出血は，Ｘの暴行またはＹの暴行のいずれかによるものであることは確かであるが，いずれによるものかは特定できず，Ｘ・Ｙ間に意思連絡があったことも証明されなかった。

　被害者の死因となった傷害について，207条の適用により傷害罪の責任を負う行為者は，その傷害から死亡結果が発生したのであるから，傷害致死罪で処罰されることになる。上記の条件を満たせば，**事例２**では，ＸにもＹにも傷害致死罪が成立する。
　犯罪の立証は検察官が行うのが刑事裁判の大原則であり，因果関係の証明がなされていなくても傷害罪・傷害致死罪での処罰を認める同時傷害の特例は，いわば無実の罪を認めるもので憲法に違反するという主張が，古くからなされているが，実務上は，同特例は，その要件を満たす限り適用されている。

5.　性犯罪を基本犯とする結果的加重犯

　判例には，わいせつ行為等から逃走しようとした被害者が無理な逃走
手段を選んだり転倒したりして負傷した事案で強制わいせつ致傷罪を認
めたものが少なくない。また，基本犯の実行行為以外の行為が直接の原
因となった事案では，判例は古くから，「死傷ヲ惹起シタル行為カ猥褻
姦淫罪ニ随伴シタル」ものであるときに同罪の成立を認め（大判明治44
年6月29日刑録17輯1330頁），今日まで一貫して，基本犯に「随伴する
行為」から死傷結果が生じた場合に同罪を肯定する立場を採っている。
具体的には，わいせつ行為の行為者が，被害者につかまれたので逃走の
ため暴行を加えて傷害を負わせたという事案で，被害者の行為がわいせ
つ行為への抵抗であるか，あるいは，積極的な逮捕行為であるかを問わ
ず，強制わいせつ致傷罪が認められている。もちろん，基本犯が強制性
交等罪であれば強制性交等致傷罪になり，死亡結果が発生すれば強制わ
いせつ致死罪・強制性交等致死罪になる。

6.　法益保護主義とさまざまな法益

　刑法の大原則の1つとして，〈刑法の目的は法益（法的な保護に値す
る利益）を保護することにある〉という法益保護主義がある。その目的
のためには，法益を侵害する行為または法益を危険にさらす行為につい
てのみ犯罪の成立を認めて刑罰を科すことにするのが合理的である（な
お，それ自体としては法益を侵害・危殆化しない行為であっても，その
ような行為が放任されて社会に蔓延すると，将来，法益が害されるおそ
れがあるのであれば，早めに一律に処罰しておくことにも合理性がある
とする考え方も有力である）。

　保護対象である法益には，個人的法益（特定の個人に属する利益である生命・身体・自由・名誉・財産など），国家的法益（日本国に属する利益である国家の存立・国交の利益・公務の作用など），そして，社会的法益（特定の個人にも国家にも属しない公共の安全・取引の安全・風俗的秩序など）がある。犯罪類型ごとに，保護法益が何であるかを確定することが重要である。

　傷害致死罪や保護責任者遺棄致死罪は，生命のみを保護する犯罪類型であるといってよい。これに対して，監禁致死罪や強制性交致死罪は，生命だけでなく，基本犯の部分が自由を保護している。監禁罪が保護するのは場所的に移動する自由であり，強制性交罪・強制わいせつ罪が保護するのは性的自由や性的尊厳，人格的統合性である。いずれも身体に対する攻撃の要素もあるため，往々にして被害者に傷害結果や死亡結果を生じさせるため，致死傷罪が規定されている。財産犯でも，物理的な危険が伴う強盗罪と建造物損壊罪には致死傷罪が用意されている。

【学習課題】
１．結果的加重犯とは何か。
２．同時傷害の特例とはどのような規定か。
３．法益にはどのようなものがあるか。監禁致死罪の保護法益は何か。

9 | 生命に対する保護の加重⑤
——過失致死罪

《目標＆ポイント》 故意がなくても成立する過失犯の基本構造を解説し，過失犯のさまざまな類型について，判例を題材にしながら検討する。
《キーワード》 過失致死罪，業務上過失，重過失，管理・監督過失

1. 過失犯の構造

　ここまでは犯罪の原則形態である故意犯を中心にみてきたが，過失があるにすぎない行為も，死亡や傷害という重大な結果を発生させた場合などは，例外的に処罰される。基本類型は，過失致死罪（210条）および過失傷害罪（209条）である。業務上の過失や重大な過失の場合の加重類型として，業務上過失致死傷罪・重過失致死傷罪（211条）が定められており，自動車運転の場合については，「自動車の運転により人を死傷させる行為等の処罰に関する法律」という特別法がより重い処罰を規定している（→10章）。

　過失犯の構造は，それをどのように理解すべきかを巡って激しい議論があるのであるが，一応，次のように理解することができる。

　①注意義務違反行為→　③因果関係（結果回避可能性　→②死傷結果
　　　　　　　　　　　　　　　　　　　　　　　　＋危険実現）

　④予見可能性

　①の注意義務違反行為は，過失行為ともされる。結果回避のために当該時点で具体的にとられるべきであった措置が，各種法令や行為の実質的危険性などを参考にして確定されたうえで，その措置をとらずに行った具体的行為が，この過失行為にあたる。

　③の因果関係は，とられるべきだった措置をとっていた場合を仮定して判断される結果回避可能性（条件関係）と，行為の危険の結果への実現（法的因果関係）から構成される。

　④の予見可能性は，結果に対する過失である。犯罪事実の認識が故意であるが，過失は故意の可能性，すなわち犯罪事実の認識・予見の可能性である。とりわけ問題になるのは，結果に対する予見可能性である。

　過失が，行為のレベルと，結果との関係と，２か所に登場するので混乱しやすいが，行為自体に過失があるといえるかということと，具体的に発生した結果について過失があるといえるかということが，ともに問われるのである。

2．過失犯の客観面

　過失犯では，まず，注意義務違反行為（過失行為）がなければならない。

事例1　Ｘは，制限速度を守り，前方も注意して自動車を運転していたが，急に飛び出してきたＡを避けきれずに，轢死させた。

　自動車の運転では，道路交通法を遵守していれば，通常，注意義務違反は否定される。逆に，道路交通法のような行政法規に形式的に違反しても，ただちに刑法上の注意義務違反が認められるわけではないとされ

ている。注意義務の内容は，義務を課すことで回避される行為の危険性
の程度と，義務を課すことで制約される行動の自由の程度とのバランス
で決定されるとする見方が有力である。このことを，次のような事例で
検討してみよう。

事例 2　旅に出ようとした X は，空港の旅客ターミナルビルの地下 1
階と地上 2 階とを直結する上りエスカレーターに乗り，自分が乗ってい
るステップの 1 段下にポリカーボネート製スーツケース（重量約15kg）
を立てて置いて手を離したまま，旅先の人気飲食店を調べるためスマー
トフォンを操作していた。
　そのとき，出発時刻が迫り急いでいた Y が X の横を駆け上がってい
き，Y のショルダーバッグが X のスーツケースに強くぶつかったため，
スーツケースは倒れてそのまま下方に滑り落ちた。
　X の10段ほど下には A が立っていたが，A は滑落してきたスー
ツケースを避けきれず，脚にスーツケースが衝突した衝撃でバランスを崩
して後方に転倒し，さらに下段に転落した。A は，転倒・転落の衝撃
で脳に傷害を負い，搬送先の病院で死亡した。

　スーツケースを転倒・滑落させた X と Y には注意義務違反が認めら
れるだろうか。自動車の交通事故であれば，道路交通法が，場面ごとに
運転者の従うべき細かなルールを定めており，それを参考にすることが
できる。これに対して，エスカレーターの乗り方に関する法律は存在し
ないことから，どのような注意義務を課すことが合理的かを具体的に検
討しなければならない。
　A の死亡結果を回避できた措置として Y に考えられるのは，

①およそエスカレーターに乗らない

②エスカレーター上で歩行しない

③エスカレーターで人を追い抜く際は接触しないように注意する

といった措置である。このうち①は，死傷結果の防止には絶大な効果をもたらすが，行動の自由に対する侵害が大きすぎる（エスカレーターを設置した意味もなくなる）ので，要求できない。また，②も，結果を防止する措置としては相当程度有効であるが，刑法の規範としてはやや過剰な要求であろう（なお，昇降機事業分野で唯一の業界団体であり昇降機の安全の確保を図ることをその目的の1つとしている一般社団法人日本エレベーター協会は，エスカレーター上での歩行・走行・すり抜けを，利用者の安全の観点から禁止事項としている。そのような啓発活動には社会的意義があるが，いまここで問題にしているのは，そのような要求を，違反すると犯罪が成立しうる刑法上の義務とすることができるかという問題である）。以上に対して，少なくとも③の措置は求めてよいと考えられる。一方では，それを要求しても行為者の行動の自由はほとんど制約されず，他方では，危険が一定程度減少し，結果防止に一定の効果があると考えられるからである。

　Xについても同様に検討すると，

④エスカレーターにはスーツケースを載せない

⑤スーツケースを載せる場合は自分よりも上段に載せて注意する

⑥自分よりも下段に載せるとしてもしっかり握持して注意する

といったことが考えられる。エスカレーターのほかにエレベーターの台数が十分あるのであれば，④を求めることにも一定の合理性があると思

われる。しかし，デパートや鉄道の駅とは異なりスーツケースを持った旅客が多数集まる空港で昇降輸送機能に限界があることを考えると，自ら的確にコントロールできる重さのスーツケースを持つ者には，エスカレーターの利用を禁止せず，少なくとも⑤を求めれば十分であろう。さらに義務を緩和して，⑥の措置で足りるとするかどうかは，荷物が滑落する危険と行為の負担とが，⑤と⑥でどの程度異なるかの評価による。

　さて，いずれにせよ，XとYについて注意義務違反が肯定できるとしても，そのような注意義務違反の過失行為とAの死亡結果との間に因果関係が認められなければならない。そのうち条件関係＝結果回避可能性についてみると，まず，Yが③の措置をとっていたらAの死亡は回避できたと考えられることから，Yには結果回避可能性が肯定できる。次いでXについては，もし，Yの衝突の程度が強く，Xが⑥の措置を実施していたとしてもスーツケースの転倒が防げなかったと考えられるような場合は，Xが⑥の措置を義務づけられていたとしても，結果回避可能性は否定されて，Xに過失致死罪は成立しないことになる。

　最後の点は分かりづらいので，改めて次の事例でみてみよう。

事例3　タクシー運転手Xは，徐行義務がある交差点に徐行せずに進入したところ，左から走行してきたY運転の自動車と衝突し，タクシーの乗客Aが死亡した。Yの走行が著しい高速度だったため，仮にXが徐行していたとしても，両車の衝突およびAの死亡は避けられなかった。

　これに類似する事案に関する判例（最判平成15年1月24日判時1806号157頁・判タ1110号134頁）と同様に判断すると，**事例3**では，Xには注意義務違反が認められるものの，注意義務違反行為とAの死亡結果

との間の条件関係（結果回避可能性）がなく，過失致死罪は成立しない。あとは，徐行義務の違反が道路交通法違反で処罰される可能性だけが残る。

事例4　Xは，著しい速度超過で自動車を運転し，衝突事故を起こしてAに傷害を負わせた。Aは病院に搬送されたが，火災により焼死した。

　これは，故意犯の場合と同様，行為と死亡結果との間の法的因果関係が否定される事例である。傷害結果との間には因果関係が認められるので，過失傷害罪（過失運転致傷罪）となる。

3. 過失犯の主観面

　過失犯が問題となる事案では，科学的な鑑定によってはじめて具体的な因果経過が判明するということが少なくない。

事例5　鉄道トンネル内での電力ケーブルの接続工事におけるXのミスに起因して火災が発生し，トンネル内を走行中の電車の乗客らが多数死傷した。Xのミスは，「ケーブルに特別高圧電流が流れる場合に発生する誘起電流を接地するための大小2種類の接地銅板のうちの1種類をY分岐接続器に取り付けるのを怠った」というものであり，そのため「誘起電流が，大地に流されずに，本来流れるべきでないY分岐接続器本体の半導電層部に流れて炭化導電路を形成し，長期間にわたり同部分に集中して流れ続けたこと」によって火災が発生した。

　判例は，この場合Ｘは，「右のような炭化導電路が形成されるという
経過を具体的に予見することはできなかったとしても，右誘起電流が大
地に流されずに本来流れるべきでない部分に長期間にわたり流れ続ける
ことによって火災の発生に至る可能性があることを予見することはでき
たものというべきである」としている（最決平成12年12月20日刑集54巻
９号1095頁）。予見可能性の対象は，この程度の幅をもったもので足り
るとされている。

4.　業務上過失・重過失

　過失が業務上のものである場合は，刑が格段に重くなる。通常の過失
致死罪は，法定刑が50万円以下の罰金にすぎないのに対して，業務上過
失致死罪は，刑の上限が懲役５年である。
　業務上とは，仕事としてという狭い意味ではなく，①社会生活上の地
位に基づいて，②反復・継続して行われる，③生命・身体に対する危険
がある行為に関して，という意味であるとされている。このうち①の要
件が欠けることによって，家庭生活上の過失が業務上過失から除外され
る。また，②については，１回限りの行為はこれにあたらないものの，
反復・継続して行う意思がある場合には，この要件は満たされるものと
される。最後に，③は，行為の類型的な危険性を問うもので，自転車の
走行行為は，これにあたらないものと伝統的に解されている。
　業務上過失が認められない場合であっても，過失の程度が著しい場合
は，重過失として，業務上過失の場合と同様に重く罰せられる。もっと
も，社会的空間において反復・継続して行われる，ある程度以上の危険
性のある行為を実行する際の過失には，広く業務上過失が認められてい
ることから，重過失と評価すべき行為は限られる。判例で重過失が肯定

された事例として，自転車に「けんけん乗り」（ペダルに片脚を乗せる
だけで，サドルには座らず，もう一方の脚で漕いで走行する乗り方）を
して，赤信号を見落とし，横断歩道上の歩行者の一団に突っ込んだ事例
がある。

5. 管理過失・監督過失

　ホテルやデパートのような不特定多数者が滞在するビルにおける火災
事故は，過失犯との関係で難しい問題を生じさせる。

事例 6 　X が代表取締役を務めるホテル Y では，X が防火戸を設置し
ておらず，また，消防計画の作成やそれに基づく避難誘導訓練を行って
いなかったところ，ある日，工事作業員 Z が不注意で火災を発生させ
たことにより，煙が短時間で建物内全体に充満し，また，適切な火災通
報および避難誘導が行われなかったため，多数の宿泊客および従業員が
死傷した。

　このような場合，工事作業員 Z に過失致死罪・過失傷害罪が成立す
ることは問題ない（正確には，業務上の過失が認められるので，業務上
過失致死傷罪（211条前段）である。なお，被害者の死傷とは別に，火
災を発生させたこと自体を処罰対象とする（業務上）失火罪（116条・
117条の 2 ）も成立する）。問題は，ホテルの代表取締役 X も，被害者
を死傷させたことについて過失犯で処罰できるかどうかである。X に
は防火体制を確立する義務があったので注意義務違反は肯定でき（この
ような場合を管理過失という），それと結果との因果関係もあるから，
あとは結果の予見可能性が認められるかどうかという問題になる。類似

の事案で，最高裁は次のように判示している。

「宿泊施設を設け，昼夜を問わず不特定多数の人に宿泊等の利便を提供する旅館・ホテルにおいては，火災発生の危険を常にはらんでいる上，被告人は，同ホテルの防火防災対策が人的にも物的にも不備であることを認識していたのであるから，いったん火災が起これば，発見の遅れ，初期消火の失敗等により本格的な火災に発展し，建物の構造，避難経路等に不案内の宿泊客等に死傷の危険の及ぶ恐れがあることはこれを容易に予見できたものというべきである。」（最決平成2年11月16日刑集44巻8号744頁）

　防火体制を確立していなくても，火災が発生しなければ死傷結果は生じ得ないので，死傷結果に対する予見可能性を肯定するためには，火災発生に対する予見可能性が認められなければならない。しかし，その日その時，火災が発生することは，通常予見できない。そこで，上記判例では，火災発生の危険は常にある，と指摘されている。しかし，そのように一般的・類型的な危険の認識があればよいとすると，交通事故でも，自動車を運転していれば事故を起こす危険は常にあるともいえ，結局，継続的な活動における過失犯については，予見可能性が処罰限定の機能を果たさなくなるおそれがあるため，学説上は批判も少なくない。

　事例6では，火災を発生させた工事作業員Zの監督者に業務上過失致死傷罪が認められないかも問われる。この場合に問題となるのは，監督過失とよばれる間接的な過失であるが，これが認められるためには，直接行為者の過失行為が監督者に予見可能でなければならない。通常は，直接行為者は適切に行動することが信頼されることから，予見可能性が肯定できるのは，直接行為者の過失行為の兆候がみられる場合に限られる。

【学習課題】

1．過失犯の成立要件はどのように説明できるか。

2．過失行為および結果に対する過失はどのようにして認められるか。

3．火災事故における管理過失とは何か。それを肯定することにはどのような問題があるか。

10 | 生命に対する保護の加重⑥
——交通犯罪

《**目標＆ポイント**》 各種交通犯罪を概観したうえで，危険運転致死傷罪について解説し，さらに，いわゆる胎児性致死傷について考える。
《**キーワード**》 交通犯罪，危険運転致死傷罪，胎児性致死傷

1. 交通犯罪のいろいろ

　交通犯罪にも，現場となる交通機関に応じていろいろな種類がある。古くは，船舶や鉄道の事故が主なものであった。これらには，刑法129条の過失往来危険罪が適用される。

（過失往来危険）
129条1項　過失により，汽車，電車若しくは艦船の往来の危険を生じさせ，又は汽車若しくは電車を転覆させ，若しくは破壊し，若しくは艦船を転覆させ，沈没させ，若しくは破壊した者は，30万円以下の罰金に処する。
2項　その業務に従事する者が前項の罪を犯したときは，3年以下の禁錮又は50万円以下の罰金に処する。

　それと同時に，乗客等を死傷させれば，過失致死傷罪や業務上過失致死傷罪等が成立する。

　過失往来危険罪との関係では，ガソリンカー事件という刑法の分野では著名な事件がある。

〈事例〉　中勢鉄道（1943〔昭和18〕年まで三重県にあった鉄道）の乗務機関手であったXは，1939（昭和14）年のある朝，乗車定員50名のガソリンカー（ガソリンエンジンで走行する鉄道車両）に，乗客90名あまりを乗せ，ダイヤよりも約6分遅れていたため，高速度で疾走していたところ，逆S字カーブに差しかかった際，制限速度が時速15kmであると知っていたにもかかわらず，時速27〜28kmで運転したことにより，曲がりきれずにガソリンカーを転覆させ破壊して，その結果，乗客2名が死亡したほか，80数名が重軽傷を負った。

　この事件で問題になったのは，転覆・破壊の客体として条文に規定されているのは「汽車」と「電車」であり，「ガソリンカー」はそのいずれにもあたらないから，業務上過失往来危険罪の成立を認めることはできないのではないか，ということであった。大審院は，「汽車」という用語は，蒸気機関車が列車を牽引するものを指すのが通常ではあるが，交通機関による往来の安全を維持するという同条の趣旨に照らすと，汽車代用のガソリンカーを除外する理由はない，として，ガソリンカーは条文上の「汽車」に含まれるという解釈を示した。これが，許される拡張解釈といえるか，禁止された類推解釈なのではないか，が議論されるのである（→3章）。

　さて，道路交通に目を移すと，昭和30年代以降は，自動車の交通事故が莫大な件数に及び，被害者が死傷した場合は，すべて業務上過失致死傷罪で処理されてきた。その法定刑の上限は，当初は禁錮3年であったところ，昭和43年改正で懲役5年に引き上げられた。

2．危険運転致死罪

　今世紀に入ってからは，交通事犯に対する厳罰化の対応が続いた。①
危険運転致死傷罪の創設（刑法208条の2〔当時〕），②自動車運転過失
致死傷罪の創設（刑法211条2項〔当時〕），③救護義務違反（ひき逃げ）
の罪の法定刑引き上げ（道路交通法117条2項，72条1項）に代表され
るものである。

　その後，2013（平成25）年には，自動車の運転により人を死傷させる
行為等の処罰に関する法律（自動車運転死傷行為処罰法）が立法されて，
今日に至る。上記の①と②は同法に移されている。

　自動車運転死傷行為処罰法は，自動車の運転により死傷結果を発生さ
せる行為を，基本的に3ランクに分けて処罰している。

　最も重いのが，危険運転致死傷罪（同法2条）である。法定刑は，人
を負傷させた場合は15年以下の懲役，人を死亡させた場合は1年以上20
年以下の懲役で，それぞれ傷害罪・傷害致死罪の刑とほぼ同等である。
危険運転が具体的に列挙され，現在規定されているのは，①酩酊運転，
②高速度運転，③未熟運転，④妨害運転，⑤あおり運転，⑥高速道路あ
おり運転，⑦信号無視運転，⑧通行禁止道路運転，の8種類である。こ
のうち⑤と⑥のあおり運転は，従来の④の妨害運転で対応することが難
しい危険運転行為について，令和2年改正で追加されたものである。

　以上を第1種の危険運転致死傷罪とすると，次に重いものとして，第
2種の危険運転致死傷罪（同法3条）が規定されている。客観的には危
険な運転行為であるが，そのことの認識が十分でないと考えられる場合
について，故意がないからおよそ危険運転致死傷罪にはならない，とす
るのではなく，危険運転致死傷罪の中の軽い類型として，しかし通常の
過失の場合よりは重い処罰ができるようにしているものである。法定刑

は，人を負傷させた場合が12年以下の懲役，人を死亡させた場合が15年以下の懲役である。①アルコールまたは薬物の影響の類型と，②自動車運転に支障を及ぼすおそれがある病気の類型とが規定されている。

　最後に，過失運転致死傷罪（同法5条）が最も軽いものであるが，業務上過失致死傷罪よりは重く，刑の上限は懲役7年となっている。

　なお，以上の罪の多くが，無免許運転の場合には刑が加重される（同法6条）。また，過失運転致死傷アルコール等影響発覚免脱罪という特別の犯罪類型も設けられている（同法4条）。死傷事故を起こした運転者が，運転時のアルコールの影響の程度が発覚しないように，さらにアルコールを摂取したり，あるいは，その場を離れて血中アルコール濃度を下げるような行為をすると，12年以下の懲役が科せられる。これは，いわゆる逃げ得の問題を解消するための罰則である。

3. いわゆる胎児性致死の問題

　これまで基本的には処罰されてこなかったが，処罰の必要性が強く叫ばれる可能性のある交通事犯は，過失により事故を起こした結果，被害者の中に含まれた妊婦が事故をきっかけに予定よりも早く出産を行い，出生した子どもがその後傷害を拡大させたり死亡したりする類型である。ここでは，事故を起こした過失行為から結果に至る因果経過が，客体が胎児である段階と人である段階とに跨るために，胎児ではなく人の生命・身体に対する罪と解される（業務上）過失致死傷罪の成立を認めることに疑問が投げかけられると同時に，逆に同罪を成立させる要請も生ずるのである。この，胎児性致死傷型ともいうべき交通事犯については，近年，裁判例において若干の動きが見られる。

（1）　判例

　行為の時点では客体が胎児であったが，それが人になった後に死亡結果や傷害結果が発生したという場合に，胎児に対する罪と人に対する罪のいずれを認めるべきか。特に過失の場合は，人に対する罪だけが可罰的であるので，重要な問題である。

　この胎児性致死傷についての最高裁判例（最三小決昭和63年2月29日刑集42巻2号314頁）は，「被告人らが業務上の過失により有毒なメチル水銀を含む工場廃水を工場外に排出していたところ，被害者の一人とされているAは，出生に先立つ胎児段階において，母親が右メチル水銀によつて汚染された魚介類を摂食したため，胎内で右メチル水銀の影響を受けて脳の形成に異常を来し，その後，出生はしたものの，健全な成育を妨げられた上，12歳9か月にしていわゆる水俣病に起因する栄養失調・脱水症により死亡した」という水俣病事件について，被害者Aに病変の発生した時期が出生前の胎児段階であったことから，出生して人となった後の同人に対する業務上過失致死傷罪は成立しない，という被告人の主張を，次のような理由で排斥した。

　「現行刑法上，胎児は，堕胎の罪において独立の行為客体として特別に規定されている場合を除き，母体の一部を構成するものと取り扱われていると解されるから，業務上過失致死罪の成否を論ずるに当たつては，胎児に病変を発生させることは，人である母体の一部に対するものとして，人に病変を発生させることにほかならない。そして，胎児が出生し人となつた後，右病変に起因して死亡するに至つた場合は，結局，人に病変を発生させて人に死の結果をもたらしたことに帰するから，病変の発生時において客体が人であることを要するとの立場を採ると否とにかかわらず，同罪が成立するものと解するのが相当である。」

　このような，過失行為から結果までが時間的に大きく離隔している公害型の胎児性致死傷とは別に，妊娠中の女性が乗った自動車に対して過失で交通事故を起こし，その事故が引き金となって緊急出産が行われたものの，生まれた子が短時間で死亡するといった交通事故型の胎児性致死傷も存在する。

　古くは，秋田地判昭和54年3月29日刑月11巻3号264頁が，妊娠34週の被害者が交通事故の8日後に早産したところ，出生した子が，重傷新生児仮死により36時間半後に死亡したという事案で，出生児に対する業務上過失致死罪が否定されていた。そこでは，生活能力がない出生児は，「人」になったとは評価できないという理由が挙げられていた。

　その後，上記の水俣病事件判例が出されてからも，交通事犯については出生児に対する過失致死傷罪は起訴されてこなかったと推察される。

　しかし，21世紀に入ってからは，交通事犯一般に対する厳罰化の流れにより，これを処罰対象に含めるものがみられるようになってきた。

　まず，①岐阜地判平成14年12月17日警察学論集56巻2号203頁は，胎児に傷害を負わせた事実を，妊婦である母親に対する業務上過失傷害罪の一部として認めた。次いで，②鹿児島地判平成15年9月2日LEX/DB28095497が，妊娠7か月の妊婦が交通事故後に帝王切開手術を受け，出生児が呼吸窮迫症候群，脳室内出血後水頭症の傷害を負った事案で，妊婦に対する業務上過失傷害罪とは別に，出生児に対する業務上過失傷害罪も認めた。さらに，③静岡地浜松支判平成18年6月8日公刊物未登載は，3日後に出産予定だった妊娠37週の妊婦が，交通事故の3時間後に帝王切開手術を受け，出生児が重傷新生児仮死により30時間後に死亡した事案で，はじめて出生児に対する業務上過失致死罪の成立を認めるに至った。その後も，出生児に対する業務上過失致死傷罪での処罰例が報道されている（④長崎地判平成19年2月7日公刊物未登載〔妊娠9か

月の妊婦が，交通事故後に緊急出産し，出生児が肺損傷により7日後に死亡した事案〕，⑤鹿児島地判平成19年11月19日公刊物未登載〔妊娠7か月の妊婦が，交通事故の翌日に帝王切開手術を受け，出生児が脳性麻痺の傷害を負った事案。ただし，出生児に対する独立した業務上過失傷害罪を認めたかは不明〕）。

　そして，出生児に対する業務上過失致死傷罪を認めるに際して，例えば鹿児島地判平成15年9月2日は，前出の水俣病事件最高裁判例とまったく同じ法的構成を提示している。すなわち，「胎児に病変を発生させることは，人である母体の一部に対するものとして，人に病変を発生させることにほかならず，そして，胎児が出生して人となった後，右病変に起因して傷害が増悪した場合は，結局，人に病変を発生させて人に傷害を負わせたことに帰することとなるのであって，そうであれば，前記認定の事実関係のもとでは，Aを被害者とする業務上過失傷害罪が成立することは明らかである」というのである。

（2）　学説による判例法理の限定

　同最高裁判例の判断方法が交通事故型の胎児性致死傷にもそのまま適用されると，妊娠週数いかんにかかわらず，胎児が母体外に出てから死亡する限りつねに過失致死罪が成立することになりかねない。そこで，学説上，最高裁判例を維持しつつも，実質的には過失胎児致死傷にすぎないといえる事案を処罰対象から除外しようとする見解が主張されている。

　1つは，出生児の成熟度をみて，常識的にまだ「人」だとはいえない場合には，死亡結果が生じた客体は胎児にとどまっていると評価すべきだとする見解である。この考え方は，すでに秋田地判昭和54年3月29日に表れていたということができるが，自然の分娩期が早まったのであれ

人工分娩であれ，出産を経て母体外に出た以上は「人」にあたるという一般的な理解とは，整合しない。

　もう1つは，交通事故がなかったとしたらまだ胎児であったと考えられる時点で死亡結果が発生した場合には，生じた結果は胎児の生命の侵害結果であると評価すべきだとする見解である。これに対しては，出産予定日などは目安にすぎないから，かりに事故に遭っていなかったら，という仮定判断は不安定であるという批判がある。しかし，そうであればむしろ，事故がなくても確実に出生していたといえる時点以降まで生存したうえで死亡した場合に犯罪成立範囲を限定すべきだということになるのではないかとも思われる。

　いずれにせよ，出生後，長期間が経過してから死亡結果が発生するような公害型と，短時間で死亡する交通事故型とは，区別して検討するべきであり，水俣病事件最高裁判例を一般化して胎児性致死傷罪の全体に適用することは慎むべきである。

（3）　処罰限定の要請

　胎児性致死については基本的には上のように過失致死罪の成否が判断されるべきであるとしても，特に処罰の限定が要請される一定の場合が存在している。それらについて，簡単に確認しておきたい。

　胎児性致死は処罰すべきでないことが主張されるとき，妊婦の過失による流産を処罰することの不当性が指摘されることがある。しかし，胎児性致死に過失致死罪の成立を認めるからといって，ただちに妊婦にも同罪が成立することにはならない。自己堕胎罪は胎児の母親であるという地位自体に基づいて同意堕胎罪との関係で違法減少が認められていた（→2章）。そこでは，単に実質的に違法評価が軽くされるというだけでなく，構成要件レベルで同意堕胎とは異なる類型として扱われている

のである。その関係を過失犯にも適用すれば，胎児の母親であるという地位に基づいて，過失流産は過失致死罪の構成要件から外されているという解釈も，十分にあり得ると思われる。刑法は複数人が関係した場合にはじめて介入するところ，胎児も，母親以外の者との関係では純粋に独立した法益主体であるが，母親との関係では純粋な他人ではないから，母親が胎児を侵害しても必ず刑法が介入すべきであるとは限らず，故意に殺害する場合だけ限定的に処罰対象にしたと解しうる。文言との関係では，過失致死罪の客体である「人」には行為者自身が含まれないのと同様，母親が行為者であるとき，胎内の胎児の出生後の人も同罪の客体である「人」から除外されていると解することになる。

　もう1点，胎児性致死を処罰することの問題は，周産期医療に対する影響が大きいことである。これに対する対応は，過失の限定によるほかないと思われる。通常の医療における過失範囲の限定的画定とともに，さらなる検討が望まれる。

【学習課題】
1．近年の交通犯罪の厳罰化は，具体的にどのような内容か。
2．胎児性致死とは，どのような問題か。
3．公害事犯と交通事犯とで，胎児性致死のあるべき扱いはどのように
　　異なるか。

11 | 生命に対する保護の加重⑦
——公共危険罪

《目標＆ポイント》 放火罪，往来危険罪，騒乱罪といった，不特定または多数の人の生命に危険を生じさせる公共危険罪について解説する。
《キーワード》 公共危険犯，放火罪，往来危険罪，騒乱罪

1. 公共危険罪とは

　公共危険罪（公共危険犯）とは，不特定または多数の人の生命・身体・財産に危険を及ぼす犯罪である。最も重要なのは放火罪であるが，出水罪，往来妨害罪および騒乱罪もこれに該当する。これら公共危険罪は，大きなエネルギー（火の熱エネルギー，水の位置エネルギー，交通機関の運動エネルギー，群衆の力）をコントロールできない状態におくことにより，不特定・多数人の生命・身体・財産に対する危険を生じさせる点が共通している。つまり，公共危険罪の保護法益は不特定・多数人の生命・身体・財産であり，これは社会的法益に対する罪である。

2. 放火罪

　放火罪は，火の熱エネルギーによる公共危険罪である。故意犯としての放火罪には，火をつけて燃やす客体の種類に応じて，大きく分けると３つのランクが設けられている。

　最も重いのが，現住建造物や現在建造物等を客体とする現住建造物等放火罪である。法定刑は非常に重く，殺人罪と同じである。

（現住建造物等放火）
108条　放火して，現に人が住居に使用し又は現に人がいる建造物，汽車，電車，艦船又は鉱坑を焼損した者は，死刑又は無期若しくは5年以上の懲役に処する。

　客体の典型は建造物であるが，それ以外にも，内部に多数の人がいることが予定される閉鎖的な空間が，火災になると危険性が高い所として並べて規定されている。
　現に住居として使用されていれば，放火の時点では人がいなくてもよく，放火の時点で人がいれば，住居として使用されていなくてもよい。現に人がいる場合は，火災になるとその人に危険が及ぶので重い刑罰が用意されている。住居は，たまたまその時点では人がいなくても，類型的に人がいる可能性が高いこと，人がいる場合，その人は就寝を中心にして無防備であることが多いと考えられ，その事情が危険性を高めること，生活の本拠が失われると被害が大きいことなどから，重い類型の客体とされている。
　客体が焼損した時点で既遂になる。焼損とは，客体自体が独立して燃焼することをいうものとされている。ライターで新聞紙の束に火をつけ，そこから建物に燃え移らせる場合，通常，ライターで火をつけたところで未遂が成立し，媒介物としての新聞紙からは独立して建物の一部が燃焼し始めたといえるところで既遂が成立する。
　次に重い類型は，非現住建造物等放火罪である。放火行為者からみて所有者が他人か自己かで，さらに2つに規定が分かれている。

（非現住建造物等放火）

109条1項　放火して，現に人が住居に使用せず，かつ，現に人がいな
　　い建造物，艦船又は鉱坑を焼損した者は，2年以上の有期懲役に処す
　　る。

2項　前項の物が自己の所有に係るときは，6月以上7年以下の懲役に
　　処する。ただし，公共の危険を生じなかったときは，罰しない。

　非現住かつ非現在の建造物等については，現住建造物等よりも刑が1
段軽くなる。さらに，それが自己所有の場合は，他人の財産に対する攻
撃の要素がないことから，もう1段軽くなるうえに，成立要件としても，
焼損に加えて，公共の危険が具体的に発生することが追加される。公共
の危険は，不特定または多数の人の生命・身体・財産に対する危険であ
る。逆にいえば，客体の焼損だけで既遂になる現住建造物等放火罪や他
人所有非現住建造物等放火罪においては，客体が独立して燃焼すること
自体から自動的に，不特定または多数の人の生命・身体・財産に対する
危険が認められていることになる。

　他人の家の無人の倉庫に火をつける場合，倉庫だけを燃やすつもりで
あれば，火をつけたところで他人所有非現住建造物放火罪の未遂，倉庫
が独立燃焼したところで同罪の既遂となるが，倉庫を燃やすことで，さ
らに住居である母屋にも延焼させようとしていたのであれば，現住建造
物等放火罪の故意が認められることになるため，火をつけたところで現
住建造物等放火罪の未遂，倉庫が独立燃焼しても引き続き同罪の未遂，
母屋が独立燃焼したところで同罪の既遂となる。

　3番目のランクに位置づけられるのが，建造物等以外放火罪である。
これも，他人所有か自己所有かで規定が分けられている。

（建造物等以外放火）

110条１項　放火して，前２条に規定する物以外の物を焼損し，よって
　公共の危険を生じさせた者は，１年以上10年以下の懲役に処する。
　２項　前項の物が自己の所有に係るときは，１年以下の懲役又は10万円
　以下の罰金に処する。

　公共の危険が発生しなければならず，つまり，周囲の建造物への延焼
可能性が生じたり，相当程度火勢が大きくなったりすることが必要であ
る。自己の所有物を燃やす行為は，それ自体としては自由であるから，
放火罪としての犯罪性を基礎づけるのは，まさに公共の危険を生じさせ
たことである。危険にとどまらずに，他人所有の物や建造物等に現に延
焼した場合は，より重い延焼罪（111条）で罰せられる。

3.　処罰の前倒し

　放火罪には，客体が「焼損」したところで既遂になる類型と，さらに
「公共の危険」が生じたところで既遂になる類型があるが，いずれにせ
よ，不特定または多数の人の生命・身体・財産という法益に対する危険
が生じただけで成立する危険犯である。

　上ですでにみたように，「焼損」は，客体の独立燃焼を意味し，建造
物の場合，全・半焼する必要はなく，例えば壁や天井がそれ自体として
燃え始めれば，既遂が認められる。単に危険犯だというだけでなく，危
険が認められる時点も相当早いところに設定されている。

　さらに，現住建造物等放火罪と他人所有非現住建造物等放火罪につい
ては，未遂処罰と予備処罰もある。未遂犯の処罰が規定されている犯罪
はそれなりに多いが，予備罪の処罰があるのは，放火罪のほか，殺人罪，

118

強盗罪，内乱罪といった重大犯罪に限られる。予備とは，犯罪の実行に実質的に役立つ行為をいい，放火予備であれば，放火する目的でライターを準備したり，現場の建物を下見したりする行為がこれにあたる。殺人予備や強盗予備も同様で，犯行に用いる凶器を準備するような行為が予備行為である。そのような早い段階の行為も処罰対象にすることで，重大犯罪の禁圧，生命等の保護が，強く追求されているのである。

4. 出水罪

　放火罪が火による公共危険罪であるのに対して，水による公共危険罪が出水罪である。ダムを決壊させて下流の街の建造物等を浸害（水による侵害）するような行為を処罰対象としている。放火罪と出水罪は似ているといわれるが，放火罪の火が水に変わっただけかというと，基本的なところで犯罪の構造が異なる。放火罪は，建造物に火をつけると，それが燃焼し，さらに火が燃え広がった先で不特定・多数の人の生命・身体・財産が害される。これに対して，出水罪の場合は，典型的には街の外側から水の大きなエネルギーが到来するので，それによって特定の建造物が浸害される時点で，すでにその周囲は水浸しである。コントロールできないエネルギーの発生・拡大と，客体の害され方との関係が，放火と出水とでは異なるのである。出水罪は，法定刑は放火罪に匹敵するのに，未遂犯の処罰がないのは，そのことが影響しているものと考えられる。

5. 往来危険罪

　往来危険罪は，鉄道交通と海上交通という規模の大きい交通機関の運

動エネルギーに着目した公共危険罪である。汽車・電車と艦船は，障害
物の回避能力が低い点が共通する。

事例 1 X は，鉄道の線路上にいたずらのつもりで自転車を捨てた。

　置き石その他，線路上に障害物を置く行為は，往来危険罪（125条 1
項： 2 年以上20年以下の懲役）を構成する。レール上しか走行できない
鉄道車両は，自動車と異なり左右への回避ができず，また，レールと車
輪との摩擦係数も小さいために，急停止もできない。そして，不特定・
多数の人の乗車が予定されることから，いったん脱線・転覆すると，甚
大な被害が生じうる。そこで，脱線・転覆等の危険のある行為自体が，
すでに重い処罰の対象になっている。

事例 2 X らは，電車を転覆させようと企て，夜のうちにレールを外
した。翌朝の始発列車は，レールが外された場所で脱線・転覆した。

　故意に汽車・電車を転覆させると，汽車・電車転覆罪（126条 1 項：
無期懲役または 3 年以上20年以下の懲役）が成立する。ただし，条文上，
車内に現に人がいることが条件となっている。車内の乗客・乗務員が保
護されているのである。

事例 3 X は，鉄道の線路上に，いたずらのつもりで置き石をした。
そこに走行してきた電車は，意外にも脱線し，転覆した。

　汽車・電車転覆罪（汽車転覆等罪）は，転覆させる故意がなくても，
故意に往来危険罪を犯し，その結果として，転覆の結果が生じた場合に

も成立することが定められている（127条）。これは、往来危険罪を基本犯とし、汽車・電車の転覆・破壊結果を加重結果とする結果的加重犯である（往来危険による汽車転覆等罪）。法定刑は、故意犯としての汽車転覆等罪と同じである（無期懲役または3年以上20年以下の懲役）。転覆する汽車・電車は現に人がいるものである必要がある、という点も故意犯としての汽車転覆等罪と同じであるかどうかについては、解釈が分かれる。127条の条文には、「第125条の罪［＝往来危険罪］を犯し、よって汽車若しくは電車を転覆させ、若しくは破壊し」としか書かれていないから、そこだけみれば、無人の電車を転覆させた場合でも成立しそうである。しかし、「前条［＝126条］の例による」というのが、法定刑が126条と同じだというだけでなく、客体の性質についても126条と共通だということまで意味すると解するのであれば、無人の電車を転覆させたのでは要件を満たさないことになる。

事例4　Xらは、電車を転覆させようと企て、夜のうちにレールを外した。翌朝の始発列車は、レールが外された場所で脱線・転覆し、乗客が死亡した。

　故意の汽車・電車転覆行為から死亡結果が発生すると、汽車転覆等致死罪（126条3項：死刑または無期懲役）が成立する。汽車・電車転覆罪を基本犯とし、死亡結果を加重結果とする結果的加重犯である。転覆した汽車・電車内の乗客が死亡した場合だけでなく、車両外の近隣住民が巻き込まれて死亡した場合であってもよいかどうかが議論されている。上で述べたように、汽車・電車転覆罪が車内の人を保護していることは確かであるが、車外の人も保護対象に含んでいるかどうかが問われるのである。客体を現に人がいる汽車・電車に限定していることからすると、

車外の人は含まないようにも思われるが，汽車・電車が転覆する危険の中には，現場付近の車外にいる人に対する危険も当然に含まれ，その危険も同罪の公共危険罪としての性質を基礎づけると考えられることからすると，車外の人に死亡結果が生じた場合も含むと解するのが自然であるともいえる。

　ところで，上で述べたように，汽車・電車転覆罪には往来危険罪の結果的加重犯が含まれている。そうすると，故意の往来危険行為から，意外にも汽車・電車の転覆結果が発生し，そこからさらに死亡結果が発生すると，二重の結果的加重犯としての汽車転覆等致死罪が成立することになる。問題は，その場合の客体は，無人の汽車・電車でもよいかどうかであり，それは同時に，車外の人に死亡結果が発生した場合であってもよいかという問題も含む。それが問われたのが，1949（昭和24）年に起きた三鷹事件である。

事例5　Ｘは，国鉄三鷹電車区の車庫に停車中の無人の電車を暴走させた。電車は，三鷹駅の車止めを突破したうえで，同駅の改札口付近に衝突し，転覆して破壊された。その際，付近にいた6名が死亡し，20名が負傷した。

　最高裁は，客体が無人の電車である場合にも，二重の結果的加重犯としての往来危険による電車転覆等致死罪が成立することを認め，死刑判決を維持した（最判昭和30年6月22日刑集9巻8号1189頁）。

6. 騒乱罪

　騒乱罪は，統制がとれなくなった群衆の力から不特定・多数の人の生

命・身体・財産を保護するために規定されているものである。次に掲げるのは，1968（昭和43）年の新宿駅騒乱事件の事例である。

事例6　学生運動に参加する大学生Xらが中心となり，ベトナム反戦運動の一環として米軍用ジェット燃料輸送の実力阻止を図る目的で，国鉄新宿駅構内において，群衆も含めて約3,000名に達する大規模な集団暴力行動を展開した。警察部隊に対するバラスト（線路盤上の砕石）の投石や，停車中の列車の破壊，駅舎への放火などが行われ，新宿駅を中心とする列車の運行がしばらくの間，全面的に不能となり，その間，中央線・総武線・山手線などの旅客線合計1,025本，東海道線・東北線・高崎線・常磐線・川越線・相模線・中央線などの貨物線合計594本の列車が運転休止となった。

　騒乱罪を規定する刑法106条は，「多衆で集合して暴行又は脅迫をした者」を処罰対象とし，「首謀者」「他人を指揮し，又は他人に率先して勢いを助けた者」「付和随行した者」という事件における役割ごとに異なる刑を定めている。

　過去の判例によると，「暴行又は脅迫」は，「一地方における公共の平和，静謐を害するに足りるもの」でなければならない。本件では，新宿駅の構内およびその周辺で暴動が起きただけであり，騒乱罪で要求される暴行の程度に達しないのではないかという点が争われたが，最高裁は，平穏が害された範囲が「一地方」といえる広さにおよぶかについては，騒動がその現場を超えて，「その周辺地域の人心にまで不安，動揺を与えるに足りる程度のものであったか否か」も検討すべきであるとし，本件の現場が「交通の一大要衝である国鉄新宿駅の構内及びその周辺」であることを指摘して，騒乱罪で要求される暴行の程度に達していると判

断した（最決昭和59年12月21日刑集38巻12号3071頁）。

【学習課題】

1．公共危険犯とは何か。

2．放火罪にはどのような類型があり，それぞれどのような場合に成立するか。

3．放火罪や往来危険罪の各類型において，客体の内部にいる人と外部にいる人は，それぞれどのように保護されているか。

12 | 正当化される生命侵害①
——安楽死・尊厳死

《**目標＆ポイント**》 被害者の同意があっても処罰される自殺関与罪・同意殺人罪の処罰根拠を解説したうえで，正当化されうる安楽死・尊厳死や治療の中止について考える。
《**キーワード**》 自殺関与罪，同意殺人罪，安楽死，尊厳死，治療の中止

1. 被害者の同意

　被害者が自らの法益（法的保護に値する利益）を失うことに同意している場合は，その法益を刑法が保護する必要はない。したがって，個人的法益（生命・身体・自由・名誉・財産など特定の個人に属する法益）に対する罪は，被害者の同意があれば犯罪不成立となるのが原則である。逆にいえば，被害者の意思に反することが犯罪の成立要件である。

　例えば，マッサージ店の店員が客の肩を叩いても，暴行罪（208条）は成立しない。車掌が乗客らの乗った列車の扉を閉めても，監禁罪（220条）は成立しない。友人の招きに応じてその自宅に立ち入っても，住居侵入罪（130条）は成立しない。タレントが相方の悪行をテレビのバラエティ番組でしゃべっても，名誉毀損罪（230条）は成立しない。「ご自由にお取りください」というパンフレットを取っても，窃盗罪（235条）は成立しない。解体業者が依頼を受けて住宅を解体しても，建造物損壊罪（260条）は成立しない。

　もっとも，被害者の同意があっても，生命の侵害が関係する場合には特殊な問題が生じる。

事例1　Xは，人生を悲観したAに殺してくれと頼まれたので，Aを殺害した。

　被害者の同意があれば殺人罪（199条）は成立しないが，被害者の同意に基づいて殺害することを要件とする同意殺人罪（202条）が別途規定されている。生命は最重要の法益であり，被害者自身が放棄したいと言っていても，自由かつ無制限な放棄は認めるべきでないと考えられているのである。

（自殺関与及び同意殺人）
202条　人を教唆し若しくは幇助して自殺させ，又は人をその嘱託を受け若しくはその承諾を得て殺した者は，6月以上7年以下の懲役又は禁錮に処する。

　ここには4つの犯罪類型が規定されている。自殺教唆罪，自殺幇助罪，嘱託殺人罪，そして承諾殺人罪である。自殺教唆罪と自殺幇助罪を合わせて自殺関与罪と呼び，嘱託殺人罪と承諾殺人罪を合わせて同意殺人罪と呼ぶ。
　これらの自殺関与罪および同意殺人罪については，①殺人罪よりも減軽される根拠，および，②減軽されても不処罰にはならない根拠が説明されなければならない。①同意があれば，法益性が，完全に欠如するわけではないにしても，弱まるとはいえること，そして，②生命は一度失われると取り返しがつかず，また，自殺意思は正常でない精神状態で生

じることが多いことから，被害者のその時点での意思には合致しなくても，さしあたり生命の喪失を防ぐことが政策的に望ましいことなどが，指摘されている。

事例2　Xは，不治の病で身体的苦しみが極限にあったAの依頼に基づいて，Aに薬剤を投与して死亡させた。

　生命が最重要の法益であるとしても，しかしこのような場合にまで同意殺人罪を認めるべきではなく，完全に不可罰にすべきではないかが議論されている。安楽死や尊厳死の問題である。

2.　安楽死などの分類

　安楽死とは，死期が間近に迫った患者を激しい肉体的苦痛から解放するために，患者の意思に基づいて，その生命を絶つことをいう。同意殺人罪等の構成要件該当性が認められるが，例外的に違法性が阻却されないかが議論される。関連する事例として，次のようなものがある。

事例3　医師Xは，死期が迫り，耐えがたい肉体的苦痛に襲われていた患者Aの依頼に基づき，致死性の薬物を投与してAを死亡させた。
事例4　医師Xは，死期が迫り，耐えがたい肉体的苦痛に襲われていた患者Aの依頼に基づき，苦痛を緩和させる薬物を投与した。その結果，Aの苦痛は緩和されたが，死期が早まり，Aは死亡した。
事例5　医師Xは，死期が迫り，耐えがたい肉体的苦痛に襲われていた患者Aから，生命維持装置を取り外した。その結果，死期が早まり，Aは死亡した。

　安楽死の分類方法や概念の呼称は１つに定まっていないものの，
ⓐ患者を苦痛から解放する手段として生命を絶つ場合（直接的安楽死ま
　たは積極的安楽死）
ⓑ患者の苦痛を除去・緩和するための措置が間接的に死期を早める場合
　（間接的安楽死〔治療型安楽死〕）
ⓒ苦痛を長引かせないために延命措置を中止する場合（消極的安楽死
　〔不作為型安楽死〕）
の３つに分類することが一応できる。
　このうちⓒは，「治療の中止」というカテゴリーに含まれる特殊な場
合であると解されており，どのような場合に治療の中止が許されるかと
いう問題になる。また，ⓑは，苦痛の除去・緩和を目的とする「治療行
為」の範囲内にあるとされ，治療行為としての正当化要件の問題になる。
独自の違法性阻却事由としての安楽死が正面から問われるのは，ⓐの直
接的・積極的安楽死である。

3.　直接的・積極的安楽死

　直接的・積極的安楽死はそもそも正当化されうるか，正当化されると
してどのような要件のもとにおいてか，を定めた法令は存在しない。こ
れまでいくつかの裁判例がその要件を提示してきたが，結論として正当
化が認められた事例は存在しない。
　ながらく有名だったのは，名古屋高裁の６要件である。被告人は，父
親Ａが脳溢血により全身不随となり，衰弱が甚だしく，身体を動かす
たびに襲われる激痛に堪えかねて，「殺してくれ」などと叫ぶようにな
り，医師からももはや施す術がないと告げられたので，ついにＡの依
頼に応じてＡの殺害を決意し，有機燐殺虫剤を混入させた牛乳をＡに

飲ませて死亡させた，という事案で，正当化される安楽死の要件として次の6要件を挙げた（名古屋高判昭和37年12月22日高刑集15巻9号674頁）。

①不治の病による死期の切迫
②甚だしい苦痛
③もっぱら死苦緩和の目的であること
④意思表明できる場合は，本人の真摯な嘱託・承諾
⑤医師によること，または，医師によりえない特別の事情
⑥方法の倫理的妥当性

本件では，このうち⑤と⑥を満たさず，嘱託殺人罪が成立するとされた。
　それから30年あまりが経って，横浜地裁の4要件が提示された（横浜地判平成7年3月28日判タ877号148頁）。

①患者が耐えがたい肉体的苦痛に苦しんでいること
②患者は死が避けられず，その死期が迫っていること
③患者の肉体的苦痛を除去・緩和するために方法を尽くし他に代替手段がないこと
④生命の短縮を承諾する患者の明示の意思表示があること

その際，裁判所は次のような議論を提示している。

「末期医療の実際において医師が苦痛か死かの積極的安楽死の選択を迫られるような場面に直面することがあるとしても，そうした場面は唐突に訪れるということはまずなく，末期患者に対してはその苦痛の除去・

緩和のために種々な医療手段を講じ，時には間接的安楽死に当たる行為
さえ試みるなど手段を尽くすであろうし，そうした様々な手段を尽くし
ながらなお耐えがたい苦痛を除くことができずに，最終的な方法として
積極的安楽死の選択を迫られることになるものと考えられる。ところで，
積極的安楽死が許容されるための要件を示したと解される名古屋高裁昭
和37年12月22日判決・高刑集15巻9号674頁は，その要件の1つとして
原則として医師の手によることを要求している。そこで，その趣旨を敷
衍して，右のような末期医療の実際に合わせて考えると，1つには，
……肉体的苦痛の存在や死期の切迫性の認定が医師により確実に行われ
なければならないということであり，さらにより重要なことは，積極的
安楽死が行われるには，医師により苦痛の除去・緩和のため容認される
医療上の他の手段が尽くされ，他に代替手段がない事態に至つているこ
とが必要であるということである。そうすると，右の名古屋高裁判決の
原則として医師の手によるとの要件は，苦痛の除去・緩和のため他に医
療上の代替手段がないときという要件に変えられるべきであり，医師に
よる末期患者に対する積極的安楽死が許容されるのは，苦痛の除去・緩
和のため他の医療上の代替手段がないときであるといえる。そして，そ
れは，苦痛から免れるため他に代替手段がなく生命を犠牲にすることの
選択も許されてよいという緊急避難の法理と，その選択を患者の自己決
定に委ねるという自己決定権の理論を根拠に，認められるものといえる。
　この積極的安楽死が許されるための患者の自己決定権の行使としての
意思表示は，生命の短縮に直結する選択であるだけに，それを行う時点
での明示の意思表示が要求され，間接的安楽死の場合と異なり，……推
定的意思では足りないというべきである。
　なお，右の名古屋高裁判決は，医師の手によることを原則としつつ，
もつぱら病者の死苦の緩和の目的でなされること，その方法が倫理的に

も妥当なものとして認容しうるものであることを，それぞれ要件として挙げているが，末期医療において医師により積極的安楽死が行われる限りでは，もっぱら苦痛除去の目的で，外形的にも治療行為の形態で行われ，方法も，例えばより苦痛の少ないといった，目的に相応しい方法が選択されるのが当然であろうから，特に右の2つを要件として要求する必要はないと解される。」

　近年は，この問題はむしろ，緩和ケアによる苦痛の除去等によって医学的に解決されるべきであると考えられるようになってきている。上記の横浜地裁判決も，生死に関する国民の認識等が変化する中で安楽死の確立された一般的要件を示すことは困難であり，提示された要件は当該事件および判決の時点でのものであると断っている。

4. 間接的安楽死

　間接的安楽死は，治療行為の範疇に含まれると解されている。治療行為は，一定の条件のもとで傷害罪・傷害致死罪等の違法性を阻却するものとされるが，間接的安楽死の場合は，その効果が同意殺人等にも及ぶことになる。

事例6　医師Xは，患者Aの身体にメスを入れて，外科手術を行った。
事例7　医師Xは，重篤な患者Aに対して，臓器移植の手術を行ったが，予後が悪く，やがてAは死亡した。

　治療行為は，外科手術のように傷害罪の構成要件に該当する行為を多く含んでいる。これをいかなる原理に基づいて正当化するかが問題であ

る。治療行為には，緊急避難（→13章）と被害者の同意の両方の要素が
そなわっているので，その観点からの分析が必要である。

　患者の長期的な健康のために，短期的に身体にメスを入れるなどする
点では，ある法益を守るための緊急の必要性から別の法益の侵害を正当
化する緊急避難に類似の構造がみられる。しかし，守ろうとする法益も
現に侵害する法益もともに1人の患者に属する法益であることから，い
ずれが優越的利益であるかは患者の意思によらなければ決定できないと
いう特徴がある。その意味で，治療行為の違法性阻却の根拠は，被害者
の同意がその中核に位置することになり，患者の明示の意思に反する治
療行為は許容されない。しかし，単に法益を放棄することに同意すると
いう通常の被害者の同意とは異なり，適切な治療行為が行われることが
客観的に患者の利益になることは疑いない。

　以上から，治療行為は，生命に対する危険のある行為であっても正当
化されうる点で，被害者の同意とは異なる違法性阻却事由となり，また，
厳密にいうと被害者の同意が存在しない場合であっても，違法性阻却が
認められうることになる。

　一般的に，治療行為による違法性阻却の要件は，次の3点とされる。

　①患者の同意（推定的同意で足りる）
　②医学的適応性（治療行為が患者の生命・健康の維持・増進に必要で
　　あること）
　③医術的正当性（治療行為が医学上承認された医療技術に従って行わ
　　れること）

　間接的安楽死も，これらの要件を満たせば正当化されると考えられる。
そこでは，苦痛の緩和が②にいう「健康の増進」に該当することが前提

である。

5. 治療の中止

　医師が患者の延命措置を中止する行為は，行為が純然たる不作為の場合は，不作為犯における作為義務の有無の問題となり，生命維持装置の取り外しなど作為の要素が伴う場合は，違法性阻却事由としての治療の中止を検討する必要がある。

　これに関係する判例として，昏睡状態にあった患者の回復をあきらめた家族からの要請に基づき行われた，医師による気管内チューブの抜管行為について，その要請は患者の病状等について適切な情報が伝えられたうえでされたものではなく，抜管行為が患者の推定的意思に基づくということもできない，として殺人行為にあたるとしたものがある（最決平成21年12月7日刑集63巻11号1899頁）。最高裁は，法的に許容される治療の中止がありうることは認めていると解されるが，具体的な要件を提示してはいない。

　患者の自己決定権という側面からのアプローチと，医師の治療義務の限界という側面からのアプローチがありうるとされる。また，末期といえるか，患者の自己決定があるといえるかといった実体的要件だけでなく，複数の医師が時間をかけて慎重に判断したか，あるいは，患者の意思の確認方法は適切かといった手続的要件も重要であるという指摘がある。

　治療の中止に類似するものとして尊厳死があり，これは，不治の病に冒された患者に対し，延命措置を中止して人として尊厳の認められる自然な死を迎えさせることである。死期が迫っていなくても認められるか，肉体的苦痛がなくても認められるか，を巡って議論がある。

【学習課題】

1．被害者の同意があると，通常の犯罪は，なぜ不成立となるのか。

2．生命侵害の場合は，被害者の同意があっても不可罰にならないのは
　なぜか。

3．安楽死にはどのような類型があり，それぞれ刑法上，どのように扱
　われているか。今後は，どのように扱うのが望ましいと考えるか。

13 | 正当化される生命侵害②
──正当防衛・緊急避難

《目標＆ポイント》　違法性阻却事由と責任阻却事由について基本事項を確認
するとともに，正当防衛や緊急避難で正当化される生命侵害の要件を解説す
る。
《キーワード》　違法性阻却，責任阻却，正当防衛，緊急避難

1. 責任阻却事由

　ある犯罪類型の構成要件該当性が認められ，かつ，違法性阻却事由が
ない場合であっても，さらに，その行為について行為者を非難できない
ために，犯罪の成立が否定されることがある。これを責任阻却という。
　責任阻却事由として法定されているのは，心神喪失（39条1項）と刑
事未成年（41条）という2種の責任無能力である。そのほかに，条文は
ないものの理論的に責任が阻却される場合がある。これを超法規的責任
阻却事由という。
　責任は，問題となる行為の時点で認められなければならない（行為と
責任の同時存在の原則）。つまり，責任阻却事由の存否も，原則として，
行為の時点を基準に判断されなければならない。
　責任阻却事由の代表は，心神喪失である。条文は，「心神喪失者の行
為は，罰しない」（39条1項）というもので，どのような行為が心神喪
失状態での行為かは，解釈に委ねられている。具体例からみれば，これ

が認められるのは次のような場合である。

事例1　Xは，知的障害により物事の善悪を判断する能力がない状態
で，Aをナイフで刺した。Aは失血死した。
事例2　Xは，精神病により行動を制御する能力がない状態で，Aを
ナイフで刺した。Aは失血死した。

　一般に心神喪失が肯定されるのは，ⓐ精神の障害により，ⓑ弁識能力
または制御能力を欠く場合である。

　弁識能力は，物事の善悪を判断し，その行為が違法であることを理解
する能力である。制御能力は，行為が違法であるという意識をもったと
きに，その行為に出ないように自らの身体をコントロールする能力であ
る。

　そのような弁識能力と制御能力の両方または一方が欠如することの原
因が，精神の障害にあると判断されなければならない。精神の障害にあ
たるのは，精神の疾患，知的・発達障害，薬物中毒，飲酒による病的酩
酊などである（なお，飲酒による病的酩酊は相当にひどい状態であり，
通常の泥酔では認められない）。

　責任無能力とまではいえなくても，ⓐ精神の障害により，ⓑ弁識能力
または制御能力が著しく限定されている状態でなされた行為は，限定責
任能力による行為として責任が減軽される。条文は，「心神耗弱者の行
為は，その刑を減軽する」（39条2項）として，刑の必要的減軽を定め
ている。

　次いで41条は，「14歳に満たない者の行為は，罰しない」と規定する。
刑事未成年の制度である。

　刑事未成年者の行為は，弁識能力も制御能力もある場合を含むが，一

定の年齢に満たない者には，刑罰よりも教育を優先させる方が適切であるという政策判断がとられている。年齢を基準にすることは，児童に対する教育制度が年齢により一律に実施されていることに対応しているということができる。

責任が阻却されるのは，その行為を行ったことについて，行為者を非難できない場合である。非難とは，〈われわれがあなたと同じ立場・状況にあったらそのような行為には出なかった〉と指摘することである。非難可能性がなくなる原理は2つある。

1つは，〈あなたと同じ立場・状況にあったら，われわれは誰でも同じ行為に及んでいただろう〉といえる場合である。それを表す原理が〈違法性の意識に基づく他行為可能性の欠如〉であり，超法規的違法性阻却事由はこれに基づくものである。

しかし，刑事未成年は，必ずしもこの原理では説明がつかない。刑事未成年者は，〈われわれがあなたと同じ立場・状況にあったらそのような行為には出なかった〉と立場を入れ替える対象から，そもそも外されている。それは，まだ一人前ではなく，処罰する側の市民と入れ替え可能な対等な関係がないからである。

心神喪失の場合は，この2側面が同時に現れる。弁識能力や制御能力の欠如という点では，他行為可能性がないから非難できないということになるし，精神の障害によって自由が制約されているという点では，自由な市民と対等な条件が具わっていないから入れ替え可能でなく非難できないということになる。ここでは，一時的に治療を優先させるべき状態にあるだけで，本来的には対等に扱われるべき市民であるという点に注意が必要である。

2. 緊急避難

　違法性阻却事由の１つの典型は，緊急避難である。

事例３　Xは，横を歩いているAの姿を見て腹が立ったので，Aを突き飛ばしてかすり傷を負わせた。
事例４　Xは，前方から自転車が暴走してきたので，衝突されて大けがをするのを避けるために，横を歩いていたAをとっさに突き飛ばして逃げた。Xは無傷だったが，突き飛ばされたAはかすり傷を負った。

　第三者の行為や自然災害などを原因として〈法益 α〉が害されそうになっている場合，その〈法益 α〉を守るために他人の〈法益 β〉を侵害する行為は，一定の条件のもと，緊急避難として違法性が阻却される（37条１項本文）。事例３ではXに傷害罪が成立するのに対して，事例４のXは，傷害罪の構成要件該当性が認められるものの，緊急避難により違法性が阻却される。
　緊急避難の要件は，
①個人的法益に対する現在の危難（「自己又は他人の生命，身体，自由又は財産に対する現在の危難を避けるため」）
②補充性，すなわち，ほかに手段がないこと（「やむを得ずにした行為」）
③害の均衡（「これによって生じた害が避けようとした害の程度を超えなかった場合」）
である。
　次の各事例は，緊急避難が認められない事例である。

事例5　Xは，翌日，Aが襲撃してくるという話を聞いたので，Bの車を盗んで逃げた。

事例6　Xは，前方から自転車が暴走してきたので，衝突されて大けがをするのを避けるために，横を歩いていたAをとっさに突き飛ばして逃げた。Xが反対側に逃げれば，誰も突き飛ばさずにすんだ。

事例7　Xは，前方から自転車が暴走してきたので，衝突されてけがをするのを避けるために，横を歩いていたAをとっさに突き飛ばして逃げた。車道に突き飛ばされたAは，走ってきた自動車に轢かれて死亡した。

　事例5では危難の現在性がなく，事例6では補充性がなく，事例7では害の均衡が認められないので，いずれも緊急避難は否定される。

　緊急避難では，〈法益α〉と〈法益β〉のいずれかは害されざるを得ないという緊急の状況があり，守ろうとする〈法益α〉は，その代わりに害される〈法益β〉と同等か，それよりも価値の高いものでなければならない。その条件を満たす行為は，社会全体の法益の量を増大させているか，少なくとも減少させてはいないことになるので，処罰しないことが望ましいか，少なくとも処罰する必要はなく，正当化される。これが，緊急避難における違法性阻却原理の説明の1つである。優越的利益の原則と呼ばれる。

3. 緊急避難と生命侵害・生命の保護

　生命の侵害が関係する場合には，一見，緊急避難の要件をすべてみたしても，違法性阻却を肯定してよいかどうかが問題となることがある。

事例8　医師 X は，ただちに臓器移植手術をするよりほかに手がない入院患者 A，B，C，D，E を助けるため，血液型等の条件がたまたま合致した外来患者 F から無理やりその臓器を摘出して A～E に移植した。A～E は助かり，F は死亡した。

　X の行為は F に対する殺人罪の構成要件該当性があるが，A～E の生命を守るための緊急避難を認めてよいだろうか。生命の重さは比較できないので，5 人の生命の方が 1 人の生命よりも価値が高いという判断をすべきでないと指摘されることがある。では，次のような事例はどうか。

事例9　医師 X は，緊急輸血が必要な患者 A を助けるため，血液型が合致した B から無理やり採血して A に輸血した。

　生命同士は価値を比較できないと考えたとしても，身体より生命の方が価値が高いことは否定できない。しかし，**事例9** のような強制採血が正当化されると考えるべきではないのではないか。そこでは，生命や身体といった即物的な法益の背後に，人間の尊厳・個人の尊重といった人格的価値が観念されていそうである。

4.　正当防衛

　正当防衛は，正当化の範囲が広い強力な違法性阻却事由である。条文は，「急迫不正の侵害に対して，自己又は他人の権利を防衛するため，やむを得ずにした行為は，罰しない」（36条 1 項）と規定されている。緊急避難と正当防衛を比較してみよう。

事例10　Ｘは，Ａが急に殴りかかってきたので，横にいたＢを突き飛ばして逃げた。Ｂは傷害を負った。

事例11　Ｘは，Ａが急に殴りかかってきたので，傍らにあった角材でＡを殴打した。Ａは傷害を負った。

　いずれもＸには傷害罪の構成要件該当性があるが，事例10では緊急避難により，事例11では正当防衛により，違法性が阻却される。

　正当防衛は，緊急の状況が前提となる点は緊急避難と共通である。しかし，「「正」対「不正」」の関係が前提となる点が異なる。

　「正」の側の者が「不正」の者の法益を侵害する行為なので，緊急避難のように補充性（衝突を回避する手段がないこと）が要求されず，また，避けようとした害と結果として生じさせた害とが厳密に均衡していなくても，行為の危険性が釣り合っているか，防衛のために必要最小限度の行為であれば，正当化される。したがって，事例11では，Ｘは逃げることができたとしても反撃してよく，また，軽傷を防ぐために重傷を負わせても許される。

　正当防衛が否定されて犯罪が成立する事例をみることで，正当防衛の要件を確認しよう。

事例12　Ｘは，翌朝，Ａが襲撃してくるという情報を得たので，夜のうちにＡ宅に侵入し，Ａの両手を骨折させた。

　侵害が切迫していない段階では，まだ正当防衛は認められない。侵害の急迫性が要件である。

事例13　Ａが殴りに来ることを知ったＸは，これを機に恨みのあるＡ

を痛めつけてやろうと考え，角材を用意してAを待ち構え，予期した
とおりに殴りかかってきたAを殴打して傷害を負わせた。

　基本的に，先に手を出した方が「不正」となるが，その侵害を事前に
予期したうえで，積極的加害意思をもって侵害に臨んだ場合は，反撃す
る側も「不正」となり，結局「「不正」対「不正」」の関係になって，正
当防衛の基本構造をみたさなくなる。判例はこの場合，侵害の急迫性が
否定されるとしている。その者の主観面における急迫性が否定されると
考えると分かりやすい。

事例14　Xは，Aが素手で殴りかかってきたので，傍らにあった日本
刀でAを斬り殺した。

　急迫不正の侵害と比較して無駄に危険な行為は，防衛行為としての相
当性を欠き，正当防衛として正当化されない。
　なお，防衛の意思も必要であるとされるが，専ら攻撃の意思で行った
と認められない限り，これが否定されることはない。
　まとめると，
①正当防衛の前提となる状況（「急迫不正の侵害」）
②防衛行為者としての資格（「正」の側にいること）
③防衛の意思（「権利を防衛するため」）
④防衛行為としての相当性（「やむを得ずにした行為」）
が要件となる。
　なお，相当性のみを欠く行為は，正当防衛は否定され犯罪が成立する
ものの，過剰防衛として刑が裁量的に減免される（36条2項）。
　ちなみに，緊急避難と正当防衛は，他人の利益を守るためのものも認

められている。

5. 正当防衛と生命侵害・生命の保護

　正当防衛では，「正は不正に譲歩せず」という法の一般原則により，緊急避難とは異なり補充性が要件とならないが，さらに，侵害を排除するのに必要最小限度である限り，防衛行為として正当化されるのが原則である（公正の原理）。

　これとは別に，侵害行為と均衡する反撃行為は，相当な防衛行為として正当化される（公平の原理）。

事例15　Ｘは，Ａに指をねじ上げられたので，Ａを突き飛ばした。Ａは転倒して，頭部に傷害を負った。

事例16　Ｘは，Ａに殴られそうになったので，包丁でＡを脅した。

　侵害行為と反撃行為の均衡性をみるときは，たまたま発生した結果を比較対象にするのではなく，また，使用した凶器を形式的に比較するのでもなく，行為の実質的な危険性を比べるべきだとされる。事例15でも事例16でも，均衡性は肯定される。

　では，上記の公正の原理と公平の原理は，どのような関係になるだろうか。

事例17　Ｘは，駅のホームの中ほどでＡに絡まれ続けたので，最後の手段としてＡを突き飛ばした。Ａは，よろめいてホームの下に転落し，進入してきた列車に轢かれて死亡した。

　事例17のような場合は，Xによる反撃はその時点で必要最小限度だといえ，また，反撃行為の危険性は実質的にさほど高くなく，侵害行為との均衡を失しないから，Xの行為は公正の原理からも公平の原理からも正当化可能である。

事例18　AがXの壺を壊そうとしたので，そばにいたXはとっさにAを突き飛ばして壺を守った。
事例19　Aに殴りかかられたXは，Aを脅して止めさせることもできたが，Aを殴って反撃した。

　事例18は，Aによる財産侵害とXによる身体侵害とは均衡しないから，Xの行為は必要最小限度性に着目する公正の原理でのみ正当化できる。これに対して，事例19は，Xの行為は必要最小限度でないから，均衡性に着目する公平の原理でのみ正当化可能である。いずれの事例も，Xに正当防衛が認められるべきであり，そうすると，公正の原理に基づく必要最小限度性の判断と，公平の原理に基づく均衡性の判断とは，相互に独立した正当化根拠として並列することになる。
　しかし，生命侵害的な反撃については，同じようにはいえなくなる。

事例20　AがXの壺を壊そうとするのが見えたので，Xは50m先からとっさにAを銃で射殺して壺を守った。
事例21　Xは，Aに日本刀で斬りかかられそうになった。威嚇することでも足りたが，XはいきなりAを射殺して身を守った。

　事例20では，Xの反撃行為は必要最小限度ではあるものの，Aの侵害行為との均衡を失するので正当防衛を認めないのが一般的である。事

例21では，X の反撃行為は A の侵害行為と均衡しているが，必要最小限度とはいえないので正当防衛を認めない見解が強いと考えられる。

　そうすると結局，

①生命侵害的でない反撃行為は，必要最小限度性，または，均衡性のいずれか一方のみに基づいても正当化されうるのに対して，

②生命侵害的である反撃行為は，必要最小限度であり，かつ，均衡性も認められる場合に限って，つまり，侵害行為が生命侵害的であって，かつ，侵害排除のために生命侵害的な反撃行為が必要である場合にのみ正当化されうる

と整理できそうである。

【学習課題】

1．責任阻却事由にはどのようなものがあるか。

2．緊急避難によって生命侵害を正当化することはできるか。

3．正当防衛による生命侵害はどのような場合に認められるか。

14 │ 正当化される生命侵害③
│ ──死刑の実際

《**目標＆ポイント**》 正当化される生命侵害の１つである死刑を取り上げる。死刑の法制度と統計，死刑の執行の実際，そして，死刑の量刑基準について解説する。
《**キーワード**》 死刑制度，死刑の選択基準

1. 死刑の法制度

　刑法９条は「死刑，懲役，禁錮，罰金，拘留及び科料を主刑とし，没収を付加刑とする。」と定めており，わが国における刑罰の１つとして死刑を規定している。そして具体的には，殺人罪（刑法199条。未遂を含む）のほか，次に掲げる各犯罪の法定刑として死刑が定められている。

- ・内乱罪（刑法77条１項１号〔首謀者〕。未遂を含む）
- ・外患誘致罪（同81条。未遂を含む）
- ・外患援助罪（同82条。未遂を含む）
- ・現住建造物等放火罪（同108条。未遂を含む）
- ・激発物破裂罪（同117条１項〔現住建造物等を損壊した場合〕）
- ・現住建造物等浸害罪（同119条）
- ・汽車転覆等致死罪（同126条３項）
- ・往来危険による汽車転覆等罪（同127条〔人を死亡させた場合〕）
- ・水道毒物等混入致死罪（同146条）

- 強盗致死罪（同240条〔強盗殺人罪，同未遂を含む〕）
- 強盗・強制性交等致死罪（同241条3項）
- 爆発物使用罪（明治17年太政官布告第32号〔爆発物取締罰則〕1条）
- 決闘殺人罪（明治22年法律第34号〔決闘罪ニ関スル件〕3条。未遂を含む）
- 航空機強取等致死罪（航空機の強取等の処罰に関する法律2条）
- 航行中の航空機を墜落させる等の罪（航空の危険を生じさせる行為等の処罰に関する法律2条3項〔人を死亡させた場合〕）
- 人質殺害罪（人質による強要行為等の処罰に関する法律4条1項）
- 組織的な殺人罪（組織的な犯罪の処罰及び犯罪収益の規制等に関する法律3条1項7号。未遂を含む）
- 海賊行為に関する罪（海賊行為の処罰及び海賊行為への対処に関する法律4条1項〔人を死亡させた場合〕）

　これらの犯罪類型のほとんどは，死刑のほかに懲役や禁錮も併せて規定されている（唯一の例外が外患誘致罪である）から，もちろん，これらの犯罪が成立する場合，必ず死刑が科されるのではなく，死刑が選択される可能性があるということである。上記の犯罪類型の中には，人の死亡が要素となっていないものも含まれており（例えば，現住建造物放火罪や，殺人未遂罪），法律の条文上は，人が死亡しなくても死刑は科されうる。しかし，今日では，死亡結果が発生しない事案で死刑が選択されることはないと考えられる。死刑の選択基準については，後述する。
　刑罰としての死刑を執行する行為は，それ自体，殺人罪に該当する行為である（「人を殺した」〔刑法199条〕には該当する）が，法令に基づ

く行為であるので，法令行為として違法性が阻却され（「法令又は正当
な業務による行為は，罰しない。」〔刑法35条〕），結論としては当然，殺
人罪は成立しない。すなわち，死刑は，正当化される殺人である。

　死刑執行の方法について，刑法が定めているのは，「死刑は，刑事施
設内において，絞首して執行する。」（刑法11条１項）ということのみで
ある。その他，執行の手続に関する次のような詳しい規定が，刑事訴訟
法におかれている。

「死刑の執行は，法務大臣の命令による。」（刑訴法475条１項）
「前項の命令は，判決確定の日から６箇月以内にこれをしなければなら
ない。但し，上訴権回復若しくは再審の請求，非常上告又は恩赦の出願
若しくは申出がされその手続が終了するまでの期間及び共同被告人であ
つた者に対する判決が確定するまでの期間は，これをその期間に算入し
ない。」（同条２項）
「法務大臣が死刑の執行を命じたときは，５日以内にその執行をしなけ
ればならない。」（刑訴法476条）
「死刑は，検察官，検察事務官及び刑事施設の長又はその代理者の立会
いの上，これを執行しなければならない。」（刑訴法477条１項）
「検察官又は刑事施設の長の許可を受けた者でなければ，刑場に入るこ
とはできない。」（同条２項）

2.　死刑の統計

　死刑の確定判決および執行に関する近年の統計は，次の表14-１のよ
うになっている（検察統計年表による）。

表14-1　死刑確定数および死刑執行数

年	死刑確定数	無期懲役確定数	死刑執行数
2000	6	59	3
2001	5	68	2
2002	3	82	2
2003	2	117	1
2004	14	115	2
2005	11	134	1
2006	21	135	4
2007	23	91	9
2008	10	57	15
2009	17	88	7
2010	9	49	2
2011	22	46	0
2012	10	38	7
2013	8	38	8
2014	7	28	3
2015	2	27	3
2016	7	15	3
2017	2	18	4
2018	2	25	15
2019	5	16	3

3. 死刑の選択基準

（1）　永山事件判決

　どのような基準で死刑を選択すべきかは，法律上規定されておらず，通常の量刑判断と同様，裁判所の裁量に委ねられている。最高裁によってその基準が示されたのは，いわゆる永山事件判決（最判昭和58年7月8日刑集37巻6号609頁）においてである。

　事案は，当時19歳の少年が，約1か月の間に，東京，京都，函館，名古屋で，勤務中の警備員2名およびタクシー運転手2名の計4名を射殺したというものである。第1審では死刑判決が言い渡されたのに対して，

控訴審では一審判決が破棄されて，無期懲役が選択された。東京高裁は次のように述べている（東京高判昭和56年8月21日判タ452号168頁）。

「死刑はいうまでもなく極刑であり，犯人の生命をもつてその犯した罪を償わせるものである。このような刑罰が残虐な刑罰として憲法36条その他の関連条文に違反するものでないことは，すでに最高裁判所の確定した判例であり，当裁判所も同様の見解であることはすでに述べたとおりである。しかし，死刑が合憲であるとしても，その極刑としての性質にかんがみ，運用については慎重な考慮が払われなければならず，殊に死刑を選択するにあたつては，他の同種事件との比較において公平性が保障されているか否かにつき十分な検討を必要とするものと考える。ある被告事件について，死刑を選択すべきか否かの判断に際し，これを審理する裁判所の如何によつて結論を異にすることは，判決を受ける被告人にとつて耐えがたいことであろう。もちろん，わが刑法における法定刑の幅は広く，同種事件についても，判決裁判所の如何によつて宣告される刑期に長短があり，また，執行猶予が付せられたり，付せられなかつたりすることは望ましいことではないが，しかし裁判権の独立という観点からやむを得ないところである。しかし，極刑としての死刑の選択の場合においては，かような偶然性は可能なかぎり運用によつて避けなければならない。すなわち，ある被告事件につき死刑を選択する場合があるとすれば，その事件については如何なる裁判所がその衝にあつても死刑を選択したであろう程度の情状がある場合に限定せられるべきものと考える。立法論として，死刑の宣告には裁判官全員一致の意見によるべきものとすべき意見があるけれども，その精神は現行法の運用にあたつても考慮に価するものと考えるのである。そして，最近における死刑宣告事件数の逓減は，以上の思考を実証するものといえよう。」

　これに対して，最高裁は，次のように述べて，控訴審判決に対して一定の理解を示した（最判昭和58年7月8日刑集37巻6号609頁）。

「死刑はいわゆる残虐な刑罰にあたるものではなく，死刑を定めた刑法の規定が憲法に違反しないことは当裁判所大法廷の判例（昭和22年（れ）第119号同23年3月12日判決・刑集2巻3号191頁）とするところであるが，死刑が人間存在の根元である生命そのものを永遠に奪い去る冷厳な極刑であり，誠にやむをえない場合における窮極の刑罰であることにかんがみると，その適用が慎重に行われなければならないことは原判決の判示するとおりである。そして，裁判所が死刑を選択できる場合として原判決が判示した前記見解の趣旨は，死刑を選択するにつきほとんど異論の余地がない程度に極めて情状が悪い場合をいうものとして理解することができないものではない。」

　しかし，これに続けて次のように死刑の選択基準を示したうえで，本件では，死刑では重すぎるとした控訴審判決には十分な理由がないとして，破棄・差戻しにした。

「結局，死刑制度を存置する現行法制の下では，犯行の罪質，動機，態様ことに殺害の手段方法の執拗性・残虐性，結果の重大性ことに殺害された被害者の数，遺族の被害感情，社会的影響，犯人の年齢，前科，犯行後の情状等各般の情状を併せ考察したとき，その罪責が誠に重大であつて，罪刑の均衡の見地からも一般予防の見地からも極刑がやむをえないと認められる場合には，死刑の選択も許されるものといわなければならない。」

　控訴審判決が「運用面での死刑廃止論」とも評価されていたのに対して，最高裁の判断は，死刑選択の基準を緩めるものだと指摘された。差戻し後は，東京高裁で一審の死刑判決が維持され，最高裁によってもその判断が是認されて，結局，死刑が確定している。

（2）　死刑の数量化基準

　永山事件判決以降は，それに基づいて死刑の選択判断がなされていることになるが，犯行態様の残虐性や被害者の数などの同判決で示された要素がそれぞれどの程度の重みをもっていると考えるかによって，結論も変わってくる。そこで，各要素の重みを統計分析した研究（岩井宜子＝渡邊一弘「死刑の適用基準——永山判決以降の数量化基準」現代刑事法4巻3号〔2002年〕78頁）を紹介しておきたい。

　この研究は，永山判決以降の死刑確定事例64例と無期懲役判決32例を対象にしている。分析の対象として各事例から抽出された量刑因子は17アイテムである。そのうち犯行の態様に関する因子は被害者数など7アイテム，被告人の属性に関する因子は前科・前歴など5アイテム，犯行後の情状に関する因子は被告人の謝罪など3アイテムが対象とされており，さらに，被害者感情に関する因子と社会的影響に関する因子も分析対象とされている。それらの因子について，林知己夫の数量化理論第Ⅱ類による多次元データ分析が行われた。

　その分析により，死刑と無期懲役を区別する因子として強い順に，①被害者が4人以上か，1人か，②共犯事件で主導的地位か，従属的地位か，③行為者の年齢が40歳以上50歳未満か，18歳以上25歳未満か，④執行猶予中・仮出獄中・出所後間もない犯行か，否か，⑤利欲目的等か，情動によるものか，⑥社会的影響が大きいか，考慮すべき社会的影響はないか，という結果が得られている。

　また，個別の要因としてみたときには，①執行猶予中・仮出獄中・出
所後間もない犯行であること，②被害者が４人以上であること，③複数
人を複数の方法を用いて殺害していること，④被害者が３人であること，
⑤改悛の情がみられないこと，の順で，死刑をより強く基礎づけるもの
とされ，逆に，①共犯事件で従属的地位であること，②情動による犯行
であること，③犯行時の年齢が25歳未満であること，④考慮すべき社会
的影響がないこと，⑤被害者側が寛大な刑を求めていること，の順で，
無期懲役をより強く基礎づけるものとされている。

　これらの個別の要因にはそれぞれスコアが割り振られており（例えば，
被害者が４人以上であることは0.5892，被害者が３人であることは
0.4161，２人であることはマイナス0.1105，１人であることはマイナス
0.3137など），事案ごとに各因子のスコアを合計して得られる得点がマ
イナス0.2400よりも大きければ死刑，それより小さければ無期懲役，と
いう判定を行うと，的中率は91.7％になるという。

（3）　裁判員制度における課題

　2009（平成21）年に裁判員制度が始まり，死刑が定められた犯罪の事
件はすべて裁判員裁判で扱われることになった。そのため，死刑の選択
には必ず，裁判官だけでなく，国民から選ばれた裁判員も関与する。裁
判員制度は，国民の視点・感覚を量刑にも反映させることが期待される
が，どのように反映させるかについては，制度設計上，明確な指針は存
在しない。

　そのような状況にあって，裁判員裁判による死刑判決に対して，先例
にみられる傾向と整合しないことを重視して，これを破棄する控訴審判
決が相次ぎ，平成27年に最高裁が，裁判員裁判における死刑選択に関し
て一定の指針を示す決定を出した（最決平成27年２月３日刑集69巻１号

1頁）。

「刑罰権の行使は，国家統治権の作用により強制的に被告人の法益を剥奪するものであり，その中でも，死刑は，懲役，禁錮，罰金等の他の刑罰とは異なり被告人の生命そのものを永遠に奪い去るという点で，あらゆる刑罰のうちで最も冷厳で誠にやむを得ない場合に行われる究極の刑罰であるから，昭和58年判決で判示され，その後も当裁判所の同種の判示が重ねられているとおり，その適用は慎重に行われなければならない。また，元来，裁判の結果が何人にも公平であるべきであるということは，裁判の営みそのものに内在する本質的な要請であるところ，前記のように他の刑罰とは異なる究極の刑罰である死刑の適用に当たつては，公平性の確保にも十分に意を払わなければならないものである。もとより，量刑に当たり考慮すべき情状やその重みは事案ごとに異なるから，先例との詳細な事例比較を行うことは意味がないし，相当でもない。しかし，前記のとおり，死刑が究極の刑罰であり，その適用は慎重に行われなければならないという観点及び公平性の確保の観点からすると，同様の観点で慎重な検討を行つた結果である裁判例の集積から死刑の選択上考慮されるべき要素及び各要素に与えられた重みの程度・根拠を検討しておくこと，また，評議に際しては，その検討結果を裁判体の共通認識とし，それを出発点として議論することが不可欠である。このことは，裁判官のみで構成される合議体によって行われる裁判であろうと，裁判員の参加する合議体によつて行われる裁判であろうと，変わるものではない。

　そして，評議の中では，前記のような裁判例の集積から見いだされる考慮要素として，犯行の罪質，動機，計画性，態様殊に殺害の手段方法の執よう性・残虐性，結果の重大性殊に殺害された被害者の数，遺族の

被害感情，社会的影響，犯人の年齢，前科，犯行後の情状等が取り上げられることとなろうが，結論を出すに当たつては，各要素に与えられた重みの程度・根拠を踏まえて，総合的な評価を行い，死刑を選択することが真にやむを得ないと認められるかどうかについて，前記の慎重に行われなければならないという観点及び公平性の確保の観点をも踏まえて議論を深める必要がある。

　その上で，死刑の科刑が是認されるためには，死刑の選択をやむを得ないと認めた裁判体の判断の具体的，説得的な根拠が示される必要があり，控訴審は，第１審のこのような判断が合理的なものといえるか否かを審査すべきである。」

　ここでは，死刑を選択する際の考慮要素として，永山判決で挙げられていたものに「計画性」が追加されている。そして，被害者１名で計画性がない事案では，特段の事情がない限り死刑は科されないというのが，先例の傾向であった。しかし，本決定は，裁判員裁判では，そのような傾向に従うことを原則とせよ，とはしていない。先例の傾向から外れる例外的な判断をするときにのみ，具体的な根拠を挙げるべきだとしているのではなく，死刑を選択するときにはつねに，具体的・説得的な根拠を挙げよ，と言っているのである。

　そうすると，国民の視点・感覚を反映させるべき裁判員裁判では，具体的な根拠を挙げさえすれば，先例の傾向に縛られない自由な判断をすることができるかというと，そうではない。上の決定の事案は，被告人が，手っ取り早く自由になる金銭を欲し，包丁を用意して強盗目的で被害者方に侵入したうえ，就寝中の被害者に対し，いきなり首に包丁を突き刺して即死させたというもので，計画性はなく被害者が１名の殺人だったが，殺人および現住建造物等放火等で懲役20年の刑に服した前科

がありながら，出所から半年で犯行に及んだというものであった。第1
審の裁判員裁判では，前科を重視して死刑が言い渡されたのに対して，
控訴審判決がそれを破棄し，最高裁も，第1審判決は前科を重視しすぎ
であるとして，死刑を否定した控訴審判決を支持したのである。

　これは結局，これまでに形成されてきた先例の傾向に比して，より多
く死刑を科す方向で国民の視点・感覚を反映させることに対しては，積
極的に否定していく姿勢を示しているものといえる。そして，その背景
には，死刑の縮小・廃止に向けた潮流がありそうである。

【学習課題】
1．わが国の死刑制度は，法律上どのように定められているか。
2．永山事件判決が示した死刑の選択基準はどのようなもので，それは
　その後，どのように適用されているか。
3．裁判員制度のもとでは，死刑の選択基準について新たにどのような
　問題が生じ，最高裁はどのような解決を示しているか。

15 | 正当化される生命侵害④
──死刑制度の存廃論

《**目標＆ポイント**》　死刑制度の廃止論と存置論の内容をそれぞれ解説したうえで，死刑の合憲性がどのように認められているのかを紹介し，刑罰の機能について考える。

《**キーワード**》　死刑廃止論，死刑存置論，死刑の合憲性，刑罰の機能

1．死刑廃止論の根拠

　死刑は廃止するのが国際的な潮流である。

　1948年の世界人権宣言３条は，「すべて人は，生命，自由及び身体の安全に対する権利を有する。」としていた。これに対して，1966年の市民的及び政治的権利に関する国際規約６条は，次のように積極的に死刑に言及し，その際，死刑は廃止されることが望ましいことを強く示唆した。

　１項　すべての人間は，生命に対する固有の権利を有する。この権利は，
　　法律によって保護される。何人も，恣意的にその生命を奪われない。
　２項　死刑を廃止していない国においては，死刑は，犯罪が行われた時
　　に効力を有しており，かつ，この規約の規定及び集団殺害犯罪の防止
　　及び処罰に関する条約の規定に抵触しない法律により，最も重大な犯
　　罪についてのみ科することができる。この刑罰は，権限のある裁判所

が言い渡した確定判決によってのみ執行することができる。

3項　（略）

4項　死刑を言い渡されたいかなる者も，特赦又は減刑を求める権利を
　　　有する。死刑に対する大赦，特赦又は減刑はすべての場合に与えるこ
　　　とができる。

5項　死刑は，18歳未満の者が行った犯罪について科してはならず，ま
　　　た，妊娠中の女子に対して執行してはならない。

6項　この条のいかなる規定も，この規約の締約国により死刑の廃止を
　　　遅らせ又は妨げるために援用されてはならない。

　これを受けて1989年に国連総会で採択された，死刑廃止を目指す市民
的及び政治的権利に関する国際規約第2選択議定書は，1条で次のよう
に死刑の廃止を明確に規定している（賛成59か国，反対26か国，棄権48
か国。わが国は，この条約にアメリカや中国などとともに反対し，現在
でも署名・批准をしていない。2020年11月現在，署名国は40，締約国は
88）。

1項　本議定書の締約国の管轄内においては，何人も死刑を執行されな
　　　い。

2項　各締約国は，自国の管轄内において死刑を廃止するため，あらゆ
　　　る必要な措置をとる。

　そして，国連総会は，2007年からほぼ2年に1回のペースで，死刑を
存置する加盟国に対して，死刑廃止を視野に入れた死刑執行の一時停止
を求める決議を採択し続けている。国連総会決議には国際法上の法的拘
束力はないものの，回を追うごとに賛成国が増え，反対国は減少してい

て（2007年は賛成104，反対54，棄権29だったのに対して，2018年は賛成121，反対35，棄権32），死刑廃止を目指す国際的潮流の象徴となっている。

　このような国際的な流れにあわせて死刑を廃止すべきだとするのが，死刑廃止論の１つの論拠である。

　国際的な死刑廃止の流れが生じているのは，死刑廃止の実質的根拠についての認識が共有されてきていることによる。共有されつつある根拠として，上記の国連総会決議のうち2018年のものでは，次の諸点が挙げられている。

①誤判に基づく死刑執行は，取り返しがつかない。
②死刑執行は，人間の尊厳を害し，人権の強化と積極的発展とに反する。
③死刑に犯罪の抑止力があることの決定的な証拠はない。

　その他，死刑廃止の根拠としてわが国で一般的に指摘されるのは，次のようなものである。

④死刑は，憲法36条によって絶対的に禁止されている「残虐な刑罰」に該当する。
⑤犯人には，被害者・遺族に被害弁償をさせ，生涯をかけて罪を償わせるべきである。
⑥いかなる凶悪犯罪者にも更生の可能性はある。

　なお，上で挙げられた憲法36条の規定は，次のようなものである。
「公務員による拷問及び残虐な刑罰は，絶対にこれを禁ずる。」

　また，わが国における死刑事件でも誤判の現実的可能性があることの根拠として，死刑判決の確定後に再審無罪とされた4つの事件（免田事件，財田川事件，松山事件，島田事件）の存在が指摘されている。

2. 死刑存置論の根拠

　これに対して，死刑存置論は，上記①〜⑥に対して次のように反論し，死刑を存置する根拠としている。

①′ 誤判の場合に取り返しがつかないことは，死刑以外の刑罰についても同様である。
②′ 極悪非道な殺人犯に対して死刑を科せない方が人道に反する場合がある。
③′ 死刑制度の威嚇力は，犯罪抑止に必要である。
④′ 最高裁判例において，死刑は憲法に適合した刑罰であるとされている。
⑤′ 人を殺した者は，自らの生命をもって罪を償うべきである。
⑥′ 凶悪な犯罪者による再犯を防止するためには，死刑が必要である。

　さらに次の点も指摘され，死刑存置の積極的根拠となっている。

⑦′ 極悪非道な犯人に対しては死刑を科すべきであるとするのが，わが国の国民の一般的な法的確信である。
⑧′ わが国における一般的な被害者・遺族の心情からすれば，死刑制度は必要である。

3. 死刑制度の合憲性

　最高裁は，死刑は合憲であるという判断をし続けてきた。

　日本国憲法の施行後まもなくして出された最高裁昭和23年３月12日大法廷判決（刑集２巻３号191頁）は，死刑は残虐な刑罰の禁止を定めた憲法36条に違反しないとした。原審で死刑を言い渡された尊属殺人・死体遺棄事件（熟睡中の母親と妹を撲殺して死体を井戸に投げ込んだという事案）の被告人が，死刑は憲法36条に違反するとして上告したのに対して，この主張を退けたものである。

　「生命は尊貴である。一人の生命は，全地球よりも重い。死刑は，まさにあらゆる刑罰のうちで最も冷厳な刑罰であり，またまことにやむを得ざるに出ずる窮極の刑罰である。それは言うまでもなく，尊厳な人間存在の根元である生命そのものを永遠に奪い去るものだからである。現代国家は一般に統治権の作用として刑罰権を行使するにあたり，刑罰の種類として死刑を認めるかどうか，いかなる罪質に対して死刑を科するか，またいかなる方法手続をもつて死刑を執行するかを法定している。そして，刑事裁判においては，具体的事件に対して被告人に死刑を科するか他の刑罰を科するかを審判する。かくてなされた死刑の判決は法定の方法手続に従つて現実に執行せられることとなる。これら一連の関係において，死刑制度は常に，国家刑事政策の面と人道上の面との双方から深き批判と考慮が払われている。されば，各国の刑罰史を顧みれば，死刑の制度及びその運用は，総ての他のものと同様に，常に時代と環境とに応じて変遷があり，流転があり，進化がとげられてきたということが窺い知られる。わが国の最近において，治安維持法，国防保安法，陸軍刑法，海軍刑法，軍機保護法及び戦時犯罪処罰特例法等の廃止による各死

刑制の消滅のごときは，その顕著な例証を示すものである。そこで新憲法は一般的概括的に死刑そのものの存否についていかなる態度をとつているのであるか。弁護人の主張するように果して刑法死刑の規定は，憲法違反として効力を有しないものであろうか。まず，憲法第13条においては，すべて国民は個人として尊重せられ，生命に対する国民の権利については，立法その他の国政の上，最大の尊重を必要とする旨を規定している。しかし，同時に同条においては，公共の福祉という基本的原則に反する場合には，生命に対する国民の権利といえども立法上制限乃至剥奪されることを当然予想しているものといわねばならぬ。そしてさらに，憲法第31条によれば，国民個人の生命の尊貴といえども，法律の定める適理の手続によつて，これを奪う刑罰を科せられることが，明かに定められている。すなわち憲法は現代多数の文化国家におけると同様に，刑罰として死刑の存置を想定し，これを是認したものと解すべきである。言葉をかえれば，死刑の威嚇力によつて一般予防をなし，死刑の執行によつて特殊な社会悪の根元を絶ち，これをもつて社会を防衛せんとしたものであり，また個体に対する人道観の上に全体に対する人道観を優位せしめ，結局社会公共の福祉のために死刑制度の存続の必要性を承認したものと解せられるのである。弁護人は，憲法第36条が残虐な刑罰を絶対に禁ずる旨を定めているのを根拠として，刑法死刑の規定は憲法違反だと主張するのである。しかし死刑は，冒頭にも述べたようにまさに窮極の刑罰であり，また冷厳な刑罰ではあるが，刑罰としての死刑そのものが，一般に直ちに同条にいわゆる残虐な刑罰に該当するとは考えられない。ただ死刑といえども，他の刑罰の場合におけると同様に，その執行の方法等がその時代と環境とにおいて人道上の見地から一般に残虐性を有するものと認められる場合には，勿論これを残虐な刑罰といわねばならぬから，将来若し死刑について火あぶり，はりつけ，さらし首，釜

ゆでの刑のごとき残虐な執行方法を定める法律が制定されたとするなら
ば，その法律こそは，まさに憲法第36条に違反するものというべきであ
る。前述のごとくであるから，死刑そのものをもつて残虐な刑罰と解し，
刑法死刑の規定を憲法違反とする弁護人の論旨は，理由なきものといわ
ねばならぬ。」

　この大法廷判決には，5名の裁判官の補足意見が付されている。

〈島保，藤田八郎，岩松三郎，河村又介裁判官の意見〉
「憲法は残虐な刑罰を絶対に禁じている。したがつて，死刑が当然に残
虐な刑罰であるとすれば，憲法は他の規定で死刑の存置を認めるわけが
ない。しかるに，憲法第31条の反面解釈によると，法律の定める手続に
よれば，刑罰として死刑を科しうることが窺われるので，憲法は死刑を
ただちに残虐な刑罰として禁じたものとはいうことができない。しかし
憲法は，その制定当時における国民感情を反映して右のような規定を設
けたにとどまり，死刑を永久に是認したものとは考えられない。ある刑
罰が残虐であるかどうかの判断は国民感情によつて定まる問題である。
而して国民感情は，時代とともに変遷することを免がれないのであるか
ら，ある時代に残虐な刑罰でないとされたものが，後の時代に反対に判
断されることも在りうることである。したがつて国家の文化が高度に発
達して正義と秩序を基調とする平和的社会が実現し，公共の福祉のため
に死刑の威嚇による犯罪の防止を必要と感じない時代に達したならば，
死刑もまた残虐な刑罰として国民感情により否定されるにちがいない。
かかる場合には，憲法第31条の解釈もおのずから制限されて，死刑は残
虐な刑罰として憲法に違反するものとして，排除されることもあろう。
しかし，今日はまだこのような時期に達したものとはいうことができな

い。されば，死刑は憲法の禁ずる残虐な刑罰であるという理由で原判決の違法を主張する弁護人の論旨は採用することができない。」

〈井上登裁判官の意見〉
「本件判決の理由としては大体以上に書かれて居る所でいいと思うが，私は左に法文上の根拠に付て少しく敷衍して置きたい。

　法文に関係なく只漫然と，死刑は残虐なりや否やということになれば，それは簡単に一言で云い切ることは出来ない。『残虐』と云う語の使い方如何によつてもちがつて来る。例えば論旨の様に『死刑は貴重な人命を奪つてしまうものだから，これ程残虐なものはないではないか』と云うふうに使う人もある（仮りにこれを広義の使い方と云つて置く）。しかし，又『残虐と云う語は通常そう云うふうには使わないのではないか，虐殺とか集団殺戮とか或は又特別残虐な傷害とかそう云う様な場合に特に用いられるので，単純な傷害や殺人に対しては余り使われないのではないか』と云えばそうも云えるであろう（仮りにこれを狭義の使い方と云つて置く）。こんなことを云つて居てはきりがない。我々の当面の問題はこう云うことではないので，具体的に憲法第36条の『残虐の刑』と云う語が死刑（現代文明諸国で通常行われて居る様な方法による死刑の意以下同意義）を包含する意味に使われて居るかどうかと云うことである（我々の問題は死刑を規定して居る刑法の条文が憲法第36条に違反するものとして無効な法律であるかどうかと云うことであり，つまり同条は絶対に死刑を禁止する趣旨と解すべきものなりや否やの問題だからである）。そしてこれは純然たる法律解釈の問題だから何と云つても法文上の根拠と云うものが重要である。私は前にも書いた通り残虐と云う語は広くも狭くも使われ得ると思うから憲法第36条の字句丈けで此の問題を決するのは無理で，法文上の根拠と云えば他の条文に之れを求めなけ

ればならないと思う。そこで憲法第13条は『すべて国民は，個人として尊重される。生命，自由及び幸福追求に対する国民の権利については，公共の福祉に反しない限り立法その他の国政の上で最大の尊重を必要とする。』と規定し同第31条は『何人も，法律の定める手続によらなければその生命若しくは自由を奪はれ，又はその他の刑罰を科せられない。』と規定して居る。これ等を総合するとその裏面解釈として憲法は公共の福祉の為めには法律の定めた手続によれば刑罰によつて人の生命も奪われ得ることを認容して居るものと見なければならない。之れと対照して第36条を見ると同条の『残虐の刑』の中には死刑は含まれないもの即ち同条は絶対に死刑を許さないと云う趣旨ではないと解するのが妥当である（即ち同条は残虐と云う語を前記狭義に使用して居るので，私は此の使い方が通常だと思うから右の解釈は字義から云つても相当だと思う）。反対説は第31条は第36条によつて制限せられて居るのだと説く。しかし第31条を虚心に見ればどうしてもそれは無理なこじつけと外思えない。若し第36条が絶対に死刑を許さぬ趣旨だとすれば之れにより成規の手続によると否とに拘わらず絶対に刑罰によつて人の生命は奪われ得ないことになるから第31条に『生命』と云う字を入れる必要はないのみならず却つてこれを入れてはいけない筈である。蓋同条に『生命』の2字が存する限り右の趣旨に反する前記の裏面解釈が出て来るのは当然であり憲法の文句としてこんなまずいことはないからである。他に第36条が絶対に死刑を禁止する趣旨と解すべき法文上の根拠は見当らない。

　以上は形式的理論解釈である。現今我国の社会情勢その他から見て遺憾ながら今直ちに刑法死刑に関する条文を尽く無効化してしまうことが必ずしも適当とは思われぬことその他実質的の理由に付ては他の裁判官の書いた理由中に相当書かれて居ると思う。最後に島裁判官の書いた補充意見には其の背後に『何と云つても死刑はいやなものに相違ない，一

日も早くこんなものを必要としない時代が来ればいい』と云つた様な思想乃至感情が多分に支配して居ると私は推察する。この感情に於て私も決して人後に落ちるとは思わない。しかし憲法は絶対に死刑を許さぬ趣旨ではないと云う丈けで固より死刑の存置を命じて居るものでないことは勿論だから，若し死刑を必要としない，若しくは国民全体の感情が死刑を忍び得ないと云う様な時が来れば国会は進んで死刑の条文を廃止するであろうし又条文は残つて居ても事実上裁判官が死刑を選択しないであろう。今でも誰れも好んで死刑を言渡すものはないのが実状だから。」

　この大法廷判決は昭和23年に出されたものであるが，その後も今日に至るまで，控訴審で死刑が認められた数々の事件において，死刑は憲法36条の禁ずる残虐な刑罰にあたるとして上告する被告人の主張を最高裁が退ける際に，引用され続けている。

4. 刑罰の機能

　刑罰は，数ある法的制裁の中でも最も峻厳なものであるといわれる。これには2つの意味がある。1つは，奪われる利益が大きいということ，もう1つは，共同体からの排除という要素があることである。
　刑法の目的は，犯罪の予防とそれによる法益の保護にあるとされるが，その目的を実現するために用いる手段は，非難という性質をもつ刑罰である。これは，共同体の構成員が，自分達があなたの立場だったらそのような行為はしなかった，という意味をこめて犯罪を犯した行為者に対して否定的評価を下すものである。それゆえ，刑罰には，ほかの法的制裁（例えば，行政的な課徴金や反則金など）とは異なり，生命や自由や財産を奪うという即物的な害悪に加えて，〈共同体に居づらくさせる〉

という害悪の要素もそなわっている。

　刑罰には，死刑や懲役・禁錮という重いものだけでなく，罰金・拘留・科料といった利益剥奪としては軽いものも含まれているが，いずれも共同体からの排除というベクトルがあることにより，質的に最も厳しい制裁であるとされる。そのため，できるだけ，他の制裁で十分でないときに限って出動させるべきであるという，刑法の補充性・謙抑性が求められる。

　なお，社会からの排除という要素があるために，刑罰は一般的に犯罪予防の効果を強くもちうるが，特定の犯罪者に対して現に刑罰が科されると，刑罰の執行が終わった後も社会からの排除の効果が事実上強く及んでしまいかねず，それはその人の社会復帰を妨げ，再犯の可能性を高めてしまい，刑罰の目的に照らして逆効果となる点には，注意が必要である。抽象的な犯罪者は排除しつつ，具体的な犯罪者は排除しないという洗練された態度が，本来，市民には求められるのである。

　さて，死刑は社会復帰を前提としない刑罰であり，対象者を社会から排除するベクトルしか存しない。その点で，他の刑罰とは質的に異なるものである。そのような死刑の制度を存置することで，具体的な犯罪者を排除する態度を，死刑以外の刑罰が科される犯罪者に対しても示す市民があとをたたないとしたら，それは望ましいことではない。その意味で，死刑制度の存廃は，おそらく，死刑制度だけの問題ではないのである。

【学習課題】

1．死刑廃止論と死刑存置論の根拠にはどのようなものがあり，それぞれどのような対応関係にあるか。

2．最高裁は，死刑の合憲性についてどのように説明しているか。それは今日でも妥当するものといえるか。

3．あなたは死刑の執行および死刑制度についてどのように考えるか。

参考条文 ┃ （いずれも法律の一部を抜粋）

【刑法】

（刑の種類）
第九条　死刑，懲役，禁錮，罰金，拘留及び科料を主刑とし，没収を付加刑
　　とする。

（死刑）
第十一条　死刑は，刑事施設内において，絞首して執行する。
2　死刑の言渡しを受けた者は，その執行に至るまで刑事施設に拘置する。

（懲役）
第十二条　懲役は，無期及び有期とし，有期懲役は，一月以上二十年以下と
　　する。
2　懲役は，刑事施設に拘置して所定の作業を行わせる。

（禁錮）
第十三条　禁錮は，無期及び有期とし，有期禁錮は，一月以上二十年以下と
　　する。
2　禁錮は，刑事施設に拘置する。

（正当行為）
第三十五条　法令又は正当な業務による行為は，罰しない。

（正当防衛）
第三十六条　急迫不正の侵害に対して，自己又は他人の権利を防衛するため，
　　やむを得ずにした行為は，罰しない。
2　防衛の程度を超えた行為は，情状により，その刑を減軽し，又は免除す
　　ることができる。

（緊急避難）

第三十七条　自己又は他人の生命，身体，自由又は財産に対する現在の危難を避けるため，やむを得ずにした行為は，これによって生じた害が避けようとした害の程度を超えなかった場合に限り，罰しない。ただし，その程度を超えた行為は，情状により，その刑を減軽し，又は免除することができる。

2　前項の規定は，業務上特別の義務がある者には，適用しない。

（故意）

第三十八条　罪を犯す意思がない行為は，罰しない。ただし，法律に特別の規定がある場合は，この限りでない。

2　重い罪に当たるべき行為をしたのに，行為の時にその重い罪に当たることとなる事実を知らなかった者は，その重い罪によって処断することはできない。

3　法律を知らなかったとしても，そのことによって，罪を犯す意思がなかったとすることはできない。ただし，情状により，その刑を減軽することができる。

（心神喪失及び心神耗弱）

第三十九条　心神喪失者の行為は，罰しない。

2　心神耗弱者の行為は，その刑を減軽する。

（責任年齢）

第四十一条　十四歳に満たない者の行為は，罰しない。

（未遂減免）

第四十三条　犯罪の実行に着手してこれを遂げなかった者は，その刑を減軽することができる。ただし，自己の意思により犯罪を中止したときは，その刑を減軽し，又は免除する。

（法律上の減軽の方法）

第六十八条　法律上刑を減軽すべき一個又は二個以上の事由があるときは，
　次の例による。
　①　死刑を減軽するときは，無期の懲役若しくは禁錮又は十年以上の懲役
　　　若しくは禁錮とする。
　②　無期の懲役又は禁錮を減軽するときは，七年以上の有期の懲役又は禁
　　　錮とする。
　③　有期の懲役又は禁錮を減軽するときは，その長期及び短期の二分の一
　　　を減ずる。
　④　罰金を減軽するときは，その多額及び寡額の二分の一を減ずる。
　⑤　拘留を減軽するときは，その長期の二分の一を減ずる。
　⑥　科料を減軽するときは，その多額の二分の一を減ずる。

（内乱）
第七十七条　国の統治機構を破壊し，又はその領土において国権を排除して
　権力を行使し，その他憲法の定める統治の基本秩序を壊乱することを目的
　として暴動をした者は，内乱の罪とし，次の区別に従って処断する。
　①　首謀者は，死刑又は無期禁錮に処する。
　②　謀議に参与し，又は群衆を指揮した者は無期又は三年以上の禁錮に処
　　　し，その他諸般の職務に従事した者は一年以上十年以下の禁錮に処する。
　③　付和随行し，その他単に暴動に参加した者は，三年以下の禁錮に処す
　　　る。
2　前項の罪の未遂は，罰する。ただし，同項第三号に規定する者について
　は，この限りでない。

（外患誘致）
第八十一条　外国と通謀して日本国に対し武力を行使させた者は，死刑に処
　する。

（外患援助）
第八十二条　日本国に対して外国から武力の行使があったときに，これに加
　担して，その軍務に服し，その他これに軍事上の利益を与えた者は，死刑

又は無期若しくは二年以上の懲役に処する。

（現住建造物等放火）
第百八条　放火して，現に人が住居に使用し又は現に人がいる建造物，汽車，電車，艦船又は鉱坑を焼損した者は，死刑又は無期若しくは五年以上の懲役に処する。

（非現住建造物等放火）
第百九条　放火して，現に人が住居に使用せず，かつ，現に人がいない建造物，艦船又は鉱坑を焼損した者は，二年以上の有期懲役に処する。
2　前項の物が自己の所有に係るときは，六月以上七年以下の懲役に処する。ただし，公共の危険を生じなかったときは，罰しない。

（建造物等以外放火）
第百十条　放火して，前二条に規定する物以外の物を焼損し，よって公共の危険を生じさせた者は，一年以上十年以下の懲役に処する。
2　前項の物が自己の所有に係るときは，一年以下の懲役又は十万円以下の罰金に処する。

（激発物破裂）
第百十七条　火薬，ボイラーその他の激発すべき物を破裂させて，第百八条に規定する物又は他人の所有に係る第百九条に規定する物を損壊した者は，放火の例による。第百九条に規定する物であって自己の所有に係るもの又は第百十条に規定する物を損壊し，よって公共の危険を生じさせた者も，同様とする。
2　前項の行為が過失によるときは，失火の例による。

（現住建造物等浸害）
第百十九条　出水させて，現に人が住居に使用し又は現に人がいる建造物，汽車，電車又は鉱坑を浸害した者は，死刑又は無期若しくは三年以上の懲役に処する。

（往来危険）

第百二十五条 鉄道若しくはその標識を損壊し，又はその他の方法により，汽車又は電車の往来の危険を生じさせた者は，二年以上の有期懲役に処する。

2 灯台若しくは浮標を損壊し，又はその他の方法により，艦船の往来の危険を生じさせた者も，前項と同様とする。

（汽車転覆等及び同致死）

第百二十六条 現に人がいる汽車又は電車を転覆させ，又は破壊した者は，無期又は三年以上の懲役に処する。

2 現に人がいる艦船を転覆させ，沈没させ，又は破壊した者も，前項と同様とする。

3 前二項の罪を犯し，よって人を死亡させた者は，死刑又は無期懲役に処する。

（往来危険による汽車転覆等）

第百二十七条 第百二十五条の罪を犯し，よって汽車若しくは電車を転覆させ，若しくは破壊し，又は艦船を転覆させ，沈没させ，若しくは破壊した者も，前条の例による。

（水道毒物等混入及び同致死）

第百四十六条 水道により公衆に供給する飲料の浄水又はその水源に毒物その他人の健康を害すべき物を混入した者は，二年以上の有期懲役に処する。よって人を死亡させた者は，死刑又は無期若しくは五年以上の懲役に処する。

（強制わいせつ）

第百七十六条 十三歳以上の者に対し，暴行又は脅迫を用いてわいせつな行為をした者は，六月以上十年以下の懲役に処する。十三歳未満の者に対し，わいせつな行為をした者も，同様とする。

（強制性交等）

第百七十七条　十三歳以上の者に対し，暴行又は脅迫を用いて性交，肛門性交又は口腔性交（以下「性交等」という。）をした者は，強制性交等の罪とし，五年以上の有期懲役に処する。十三歳未満の者に対し，性交等をした者も，同様とする。

（準強制わいせつ及び準強制性交等）

第百七十八条　人の心神喪失若しくは抗拒不能に乗じ，又は心神を喪失させ，若しくは抗拒不能にさせて，わいせつな行為をした者は，第百七十六条の例による。

2　人の心神喪失若しくは抗拒不能に乗じ，又は心神を喪失させ，若しくは抗拒不能にさせて，性交等をした者は，前条の例による。

（監護者わいせつ及び監護者性交等）

第百七十九条　十八歳未満の者に対し，その者を現に監護する者であることによる影響力があることに乗じてわいせつな行為をした者は，第百七十六条の例による。

2　十八歳未満の者に対し，その者を現に監護する者であることによる影響力があることに乗じて性交等をした者は，第百七十七条の例による。

（未遂罪）

第百八十条　第百七十六条から前条までの罪の未遂は，罰する。

（強制わいせつ等致死傷）

第百八十一条　第百七十六条，第百七十八条第一項若しくは第百七十九条第一項の罪又はこれらの罪の未遂罪を犯し，よって人を死傷させた者は，無期又は三年以上の懲役に処する。

2　第百七十七条，第百七十八条第二項若しくは第百七十九条第二項の罪又はこれらの罪の未遂罪を犯し，よって人を死傷させた者は，無期又は六年以上の懲役に処する。

（礼拝所不敬及び説教等妨害）
第百八十八条　神祠，仏堂，墓所その他の礼拝所に対し，公然と不敬な行為
　をした者は，六月以下の懲役若しくは禁錮又は十万円以下の罰金に処する。
2　説教，礼拝又は葬式を妨害した者は，一年以下の懲役若しくは禁錮又は
　十万円以下の罰金に処する。

（墳墓発掘）
第百八十九条　墳墓を発掘した者は，二年以下の懲役に処する。

（死体損壊等）
第百九十条　死体，遺骨，遺髪又は棺に納めてある物を損壊し，遺棄し，又
　は領得した者は，三年以下の懲役に処する。

（墳墓発掘死体損壊等）
第百九十一条　第百八十九条の罪を犯して，死体，遺骨，遺髪又は棺に納め
　てある物を損壊し，遺棄し，又は領得した者は，三月以上五年以下の懲役
　に処する。

（変死者密葬）
第百九十二条　検視を経ないで変死者を葬った者は，十万円以下の罰金又は
　科料に処する。

（特別公務員職権濫用）
第百九十四条　裁判，検察若しくは警察の職務を行う者又はこれらの職務を
　補助する者がその職権を濫用して，人を逮捕し，又は監禁したときは，六
　月以上十年以下の懲役又は禁錮に処する。

（特別公務員暴行陵虐）
第百九十五条　裁判，検察若しくは警察の職務を行う者又はこれらの職務を
　補助する者が，その職務を行うに当たり，被告人，被疑者その他の者に対
　して暴行又は陵辱若しくは加虐の行為をしたときは，七年以下の懲役又は

禁錮に処する。

2　法令により拘禁された者を看守し又は護送する者がその拘禁された者に対して暴行又は陵辱若しくは加虐の行為をしたときも，前項と同様とする。

（特別公務員職権濫用等致死傷）
第百九十六条　前二条の罪を犯し，よって人を死傷させた者は，傷害の罪と比較して，重い刑により処断する。

（殺人）
第百九十九条　人を殺した者は，死刑又は無期若しくは五年以上の懲役に処する。

（予備）
第二百一条　第百九十九条の罪を犯す目的で，その予備をした者は，二年以下の懲役に処する。ただし，情状により，その刑を免除することができる。

（自殺関与及び同意殺人）
第二百二条　人を教唆し若しくは幇助して自殺させ，又は人をその嘱託を受け若しくはその承諾を得て殺した者は，六月以上七年以下の懲役又は禁錮に処する。

（未遂罪）
第二百三条　第百九十九条及び前条の罪の未遂は，罰する。

（傷害）
第二百四条　人の身体を傷害した者は，十五年以下の懲役又は五十万円以下の罰金に処する。

（傷害致死）
第二百五条　身体を傷害し，よって人を死亡させた者は，三年以上の有期懲役に処する。

176

（同時傷害の特例）
第二百七条 二人以上で暴行を加えて人を傷害した場合において，それぞれの暴行による傷害の軽重を知ることができず，又はその傷害を生じさせた者を知ることができないときは，共同して実行した者でなくても，共犯の例による。

（暴行）
第二百八条 暴行を加えた者が人を傷害するに至らなかったときは，二年以下の懲役若しくは三十万円以下の罰金又は拘留若しくは科料に処する。

（凶器準備集合及び結集）
第二百八条の二 二人以上の者が他人の生命，身体又は財産に対し共同して害を加える目的で集合した場合において，凶器を準備して又はその準備があることを知って集合した者は，二年以下の懲役又は三十万円以下の罰金に処する。
2 前項の場合において，凶器を準備して又はその準備があることを知って人を集合させた者は，三年以下の懲役に処する。

（過失傷害）
第二百九条 過失により人を傷害した者は，三十万円以下の罰金又は科料に処する。
2 前項の罪は，告訴がなければ公訴を提起することができない。

（過失致死）
第二百十条 過失により人を死亡させた者は，五十万円以下の罰金に処する。

（業務上過失致死傷等）
第二百十一条 業務上必要な注意を怠り，よって人を死傷させた者は，五年以下の懲役若しくは禁錮又は百万円以下の罰金に処する。重大な過失により人を死傷させた者も，同様とする。

（堕胎）
第二百十二条　妊娠中の女子が薬物を用い，又はその他の方法により，堕胎
　したときは，一年以下の懲役に処する。

（同意堕胎及び同致死傷）
第二百十三条　女子の嘱託を受け，又はその承諾を得て堕胎させた者は，二
　年以下の懲役に処する。よって女子を死傷させた者は，三月以上五年以下
　の懲役に処する。

（業務上堕胎及び同致死傷）
第二百十四条　医師，助産師，薬剤師又は医薬品販売業者が女子の嘱託を受
　け，又はその承諾を得て堕胎させたときは，三月以上五年以下の懲役に処
　する。よって女子を死傷させたときは，六月以上七年以下の懲役に処する。

（不同意堕胎）
第二百十五条　女子の嘱託を受けないで，又はその承諾を得ないで堕胎させ
　た者は，六月以上七年以下の懲役に処する。
2　前項の罪の未遂は，罰する。

（不同意堕胎致死傷）
第二百十六条　前条の罪を犯し，よって女子を死傷させた者は，傷害の罪と
　比較して，重い刑により処断する。

（遺棄）
第二百十七条　老年，幼年，身体障害又は疾病のために扶助を必要とする者
　を遺棄した者は，一年以下の懲役に処する。

（保護責任者遺棄等）
第二百十八条　老年者，幼年者，身体障害者又は病者を保護する責任のある
　者がこれらの者を遺棄し，又はその生存に必要な保護をしなかったときは，
　三月以上五年以下の懲役に処する。

（遺棄等致死傷）
第二百十九条　前二条の罪を犯し，よって人を死傷させた者は，傷害の罪と
　比較して，重い刑により処断する。

（逮捕及び監禁）
第二百二十条　不法に人を逮捕し，又は監禁した者は，三月以上七年以下の
　懲役に処する。

（逮捕等致死傷）
第二百二十一条　前条の罪を犯し，よって人を死傷させた者は，傷害の罪と
　比較して，重い刑により処断する。

（脅迫）
第二百二十二条　生命，身体，自由，名誉又は財産に対し害を加える旨を告
　知して人を脅迫した者は，二年以下の懲役又は三十万円以下の罰金に処す
　る。
2　親族の生命，身体，自由，名誉又は財産に対し害を加える旨を告知して
　人を脅迫した者も，前項と同様とする。

（強要）
第二百二十三条　生命，身体，自由，名誉若しくは財産に対し害を加える旨
　を告知して脅迫し，又は暴行を用いて，人に義務のないことを行わせ，又
　は権利の行使を妨害した者は，三年以下の懲役に処する。
2　親族の生命，身体，自由，名誉又は財産に対し害を加える旨を告知して
　脅迫し，人に義務のないことを行わせ，又は権利の行使を妨害した者も，
　前項と同様とする。
3　前二項の罪の未遂は，罰する。

（未成年者略取及び誘拐）
第二百二十四条　未成年者を略取し，又は誘拐した者は，三月以上七年以下
　の懲役に処する。

（営利目的等略取及び誘拐）

第二百二十五条　営利，わいせつ，結婚又は生命若しくは身体に対する加害の目的で，人を略取し，又は誘拐した者は，一年以上十年以下の懲役に処する。

（身の代金目的略取等）

第二百二十五条の二　近親者その他略取され又は誘拐された者の安否を憂慮する者の憂慮に乗じてその財物を交付させる目的で，人を略取し，又は誘拐した者は，無期又は三年以上の懲役に処する。

2　人を略取し又は誘拐した者が近親者その他略取され又は誘拐された者の安否を憂慮する者の憂慮に乗じて，その財物を交付させ，又はこれを要求する行為をしたときも，前項と同様とする。

（所在国外移送目的略取及び誘拐）

第二百二十六条　所在国外に移送する目的で，人を略取し，又は誘拐した者は，二年以上の有期懲役に処する。

（人身売買）

第二百二十六条の二　人を買い受けた者は，三月以上五年以下の懲役に処する。

2　未成年者を買い受けた者は，三月以上七年以下の懲役に処する。

3　営利，わいせつ，結婚又は生命若しくは身体に対する加害の目的で，人を買い受けた者は，一年以上十年以下の懲役に処する。

4　人を売り渡した者も，前項と同様とする。

5　所在国外に移送する目的で，人を売買した者は，二年以上の有期懲役に処する。

（解放による刑の減軽）

第二百二十八条の二　第二百二十五条の二又は第二百二十七条第二項若しくは第四項の罪を犯した者が，公訴が提起される前に，略取され又は誘拐された者を安全な場所に解放したときは，その刑を減軽する。

（身の代金目的略取等予備）

第二百二十八条の三　第二百二十五条の二第一項の罪を犯す目的で，その予備をした者は，二年以下の懲役に処する。ただし，実行に着手する前に自首した者は，その刑を減軽し，又は免除する。

（強盗）

第二百三十六条　暴行又は脅迫を用いて他人の財物を強取した者は，強盗の罪とし，五年以上の有期懲役に処する。

2　前項の方法により，財産上不法の利益を得，又は他人にこれを得させた者も，同項と同様とする。

（強盗予備）

第二百三十七条　強盗の罪を犯す目的で，その予備をした者は，二年以下の懲役に処する。

（強盗致死傷）

第二百四十条　強盗が，人を負傷させたときは無期又は六年以上の懲役に処し，死亡させたときは死刑又は無期懲役に処する。

（強盗・強制性交等及び同致死）

第二百四十一条　強盗の罪若しくはその未遂罪を犯した者が強制性交等の罪（第百七十九条第二項の罪を除く。以下この項において同じ。）若しくはその未遂罪をも犯したとき，又は強制性交等の罪若しくはその未遂罪を犯した者が強盗の罪若しくはその未遂罪をも犯したときは，無期又は七年以上の懲役に処する。

2　前項の場合のうち，その犯した罪がいずれも未遂罪であるときは，人を死傷させたときを除き，その刑を減軽することができる。ただし，自己の意思によりいずれかの犯罪を中止したときは，その刑を減軽し，又は免除する。

3　第一項の罪に当たる行為により人を死亡させた者は，死刑又は無期懲役に処する。

（建造物等損壊及び同致死傷）
第二百六十条　他人の建造物又は艦船を損壊した者は，五年以下の懲役に処する。よって人を死傷させた者は，傷害の罪と比較して，重い刑により処断する。

【明治17年太政官布告第32号（爆発物取締罰則）】

第一条　治安ヲ妨ケ又ハ人ノ身体財産ヲ害セントスルノ目的ヲ以テ爆発物ヲ使用シタル者及ヒ人ヲシテ之ヲ使用セシメタル者ハ死刑又ハ無期若クハ七年以上ノ懲役又ハ禁錮ニ処ス

【明治22年法律第34号（決闘罪ニ関スル件）】

第三条　決闘ニ依テ人ヲ殺傷シタル者ハ刑法ノ各本条ニ照シテ処断ス

【航空機の強取等の処罰に関する法律】

（航空機の強取等）
第一条　暴行若しくは脅迫を用い，又はその他の方法により人を抵抗不能の状態に陥れて，航行中の航空機を強取し，又はほしいままにその運航を支配した者は，無期又は七年以上の懲役に処する。
2　前項の未遂罪は，罰する。

（航空機強取等致死）
第二条　前条の罪を犯し，よつて人を死亡させた者は，死刑又は無期懲役に処する。

【航空の危険を生じさせる行為等の処罰に関する法律】

（航空の危険を生じさせる罪）
第一条　飛行場の設備若しくは航空保安施設を損壊し，又はその他の方法で
　　航空の危険を生じさせた者は，三年以上の有期懲役に処する。

（航行中の航空機を墜落させる等の罪）
第二条　航行中の航空機（そのすべての乗降口が乗機の後に閉ざされた時か
　　らこれらの乗降口のうちいずれかが降機のため開かれる時までの間の航空
　　機をいう。以下同じ。）を墜落させ，転覆させ，若しくは覆没させ，又は
　　破壊した者は，無期又は三年以上の懲役に処する。
２　前条の罪を犯し，よつて航行中の航空機を墜落させ，転覆させ，若しく
　　は覆没させ，又は破壊した者についても，前項と同様とする。
３　前二項の罪を犯し，よつて人を死亡させた者は，死刑又は無期若しくは
　　七年以上の懲役に処する。

【人質による強要行為等の処罰に関する法律】

（加重人質強要）
第二条　二人以上共同して，かつ，凶器を示して人を逮捕し，又は監禁した
　　者が，これを人質にして，第三者に対し，義務のない行為をすること又は
　　権利を行わないことを要求したときは，無期又は五年以上の懲役に処する。

第三条　航空機の強取等の処罰に関する法律（昭和四十五年法律第六十八
　　号）第一条第一項の罪を犯した者が，当該航空機内にある者を人質にして，
　　第三者に対し，義務のない行為をすること又は権利を行わないことを要求
　　したときは，無期又は十年以上の懲役に処する。

（人質殺害）
第四条　第二条又は前条の罪を犯した者が，人質にされている者を殺したと

きは，死刑又は無期懲役に処する。
2　前項の未遂罪は，罰する。

【組織的な犯罪の処罰及び犯罪収益の規制等に関する法律】

（組織的な殺人等）
第三条　次の各号に掲げる罪に当たる行為が，団体の活動（団体の意思決定に基づく行為であって，その効果又はこれによる利益が当該団体に帰属するものをいう。以下同じ。）として，当該罪に当たる行為を実行するための組織により行われたときは，その罪を犯した者は，当該各号に定める刑に処する。
　　①～⑥略
　　⑦　刑法第百九十九条（殺人）の罪　死刑又は無期若しくは六年以上の懲役
　　⑧以下略

【海賊行為の処罰及び海賊行為への対処に関する法律】

（定義）
第二条　この法律において「海賊行為」とは，船舶（軍艦及び各国政府が所有し又は運航する船舶を除く。）に乗り組み又は乗船した者が，私的目的で，公海（海洋法に関する国際連合条約に規定する排他的経済水域を含む。）又は我が国の領海若しくは内水において行う次の各号のいずれかの行為をいう。
　　①　暴行若しくは脅迫を用い，又はその他の方法により人を抵抗不能の状態に陥れて，航行中の他の船舶を強取し，又はほしいままにその運航を支配する行為
　　②　暴行若しくは脅迫を用い，又はその他の方法により人を抵抗不能の状態に陥れて，航行中の他の船舶内にある財物を強取し，又は財産上不法

184

の利益を得，若しくは他人にこれを得させる行為

③　第三者に対して財物の交付その他義務のない行為をすること又は権利を行わないことを要求するための人質にする目的で，航行中の他の船舶内にある者を略取する行為

④　強取され若しくはほしいままにその運航が支配された航行中の他の船舶内にある者又は航行中の他の船舶内において略取された者を人質にして，第三者に対し，財物の交付その他義務のない行為をすること又は権利を行わないことを要求する行為

⑤　前各号のいずれかに係る海賊行為をする目的で，航行中の他の船舶に侵入し，又はこれを損壊する行為

⑥　第一号から第四号までのいずれかに係る海賊行為をする目的で，船舶を航行させて，航行中の他の船舶に著しく接近し，若しくはつきまとい，又はその進行を妨げる行為

⑦　第一号から第四号までのいずれかに係る海賊行為をする目的で，凶器を準備して船舶を航行させる行為

（海賊行為に関する罪）

第三条　前条第一号から第四号までのいずれかに係る海賊行為をした者は，無期又は五年以上の懲役に処する。

2　前項の罪（前条第四号に係る海賊行為に係るものを除く。）の未遂は，罰する。

3　前条第五号又は第六号に係る海賊行為をした者は，五年以下の懲役に処する。

4　前条第七号に係る海賊行為をした者は，三年以下の懲役に処する。ただし，第一項又は前項の罪の実行に着手する前に自首した者は，その刑を減軽し，又は免除する。

第四条　前条第一項又は第二項の罪を犯した者が，人を負傷させたときは無期又は六年以上の懲役に処し，死亡させたときは死刑又は無期懲役に処する。

2　前項の罪の未遂は，罰する。

用語索引

●配列は五十音順

条文索引

●配列は五十音順

著者紹介

和田　俊憲（わだ・としのり）

1975年	東京都に生まれる
1998年	東京大学法学部卒業
1998年	東京大学助手
2001年	北海道大学助教授
2006年	慶應義塾大学助教授
2013年	慶應義塾大学教授
現　在	東京大学教授
専　攻	刑　法
主な著書	〈単著〉

どこでも刑法　#総論（有斐閣，2019年）
鉄道と刑法のはなし（NHK 出版，2013年）
〈共著〉
性犯罪規定の比較法研究（成文堂，2020年）
刑法 I 総論／II 各論（日本評論社，2020年）
刑法ガイドマップ〔総論〕（信山社，2019年）
刑法演習ノート〔第 2 版〕（弘文堂，2017年）
ひとりで学ぶ刑法（有斐閣，2015年）

放送大学教材　1539329-1-2111（ラジオ）

刑法と生命

発　行　　2021年3月20日　第1刷

著　者　　和田俊憲

発行所　　一般財団法人　放送大学教育振興会
　　　　　〒105-0001　東京都港区虎ノ門1-14-1　郵政福祉琴平ビル
　　　　　電話　03（3502）2750

市販用は放送大学教材と同じ内容です。定価はカバーに表示してあります。
落丁本・乱丁本はお取り替えいたします。

Printed in Japan　ISBN978-4-595-32266-2　C1332